丸山眞男書簡集 1

1940－1973

みすず書房

編集協力
飯田泰三
小尾俊人
川口重雄

凡　例

一、本『丸山眞男書簡集』は、宛名人、そのご遺族、所蔵機関など、約百数十人の方々からご提供いただいた書簡・葉書・カード等約千通から構成されている。なお、夫人代筆のものも含む。

二、書簡の配列は発信年月日の順にしたがい、第1巻（一九四〇―一九七三）、第2巻（一九七四―一九七九）、第3巻（一九八〇―一九八六）、第4巻（一九八七―一九九二）、第5巻（一九九二―一九九六）の五巻編成とした。発信年月日の確定は次の原則でおこなった。

（1）　書簡本文に記されている年月日

（2）　郵便局の日付印の年月日

（3）　書簡の内容から推定される年月日

書簡本文の日付と郵便局の消印が同日である場合は、消印の日付のものを先に置いた。また、同日に複数人に発信しているものについては、宛名人の五十音順にした。消印の月日もしくは日が不明の場合はそれぞれ〔月日不明〕〔日不明〕と記し、推定の場合は〔推定〕と記して、ふさわしいところに入れた。

三、以上の方針にもとづき、発信順に書簡番号を算用数字で付し、宛名人、発信年月日を見出しとした。

四、各書簡末尾に、書簡の種類・宛名人の住所・氏名、発信人の住所・氏名を記した。発信人の住所がなく、ただ「丸山眞男」とあるのは、封筒の欠けているものや発信人の住所が書いていないものである。海外からの書簡については、すべて「航空書簡」で記した。その他、例外的なものについてはそのつど記した。

五、年賀状、クリスマスカードその他の印刷されたものについては、末尾に〔年賀状・印刷〕などと表記した。また、印刷されたものが複数人に発信されている場合、書簡本文には、宛名人の最初のものだけを掲載し、本人の加筆がない場合は、末尾に宛名人の名前だけを記した。加筆のある場合は、〔本人加筆〕と記し、以下に文面を入れた。

六、本文の表記について。

（1） 戦前のものなど、旧漢字は新漢字にあらため、かなづかいはそのままとした。ただし、晩年にいたるまで、著者の表記は旧かな新かなづかいが混用されており、本書簡集では、表記はほぼ原文のままとした。

（2） 書名・雑誌名は二重カギ・一重カギ・カギのないものがあるが、これらについてはほぼ二重カギに統一した。

（3） 横書きの書簡にある算用数字表記は漢数字（例 1970年10月→一九七〇年十月）にあらためた。

（4） 文中に〔中略〕とあるのは、提供者あるいは編集部の判断で書簡の一部を省いた箇所をしめす。また、固有名をイニシャルで記しているところは、著者本人が記した場合、提供者の判断で記した場合、編集部の判断で記した場合がある。
（5）その他、明らかな誤記については訂正し、適宜ルビを付した。

七、読者の便宜のために、以下の方針で補注を付した。
（1）姓のみで表記されている人名は、必要に応じて名を本文中に〔　〕で補った。
（2）外国語表記のうち、必要と考えられるものにつき〔　〕で日本語を補った。
（3）その他、必要に応じて、〔　〕で補ったところもある。
（4）さらに必要なものは、それぞれの書簡末尾に補注を入れた。
なお、『丸山眞男集』とあるものは『丸山眞男集』全十六巻・別巻、岩波書店、一九九五―一九九七、また『丸山眞男座談』とあるのは、『丸山眞男座談』全9巻、岩波書店、一九九八、をさす。

八、宛名人の紹介について。
本書簡集に収録した宛名人の初出の書簡の末尾に、宛名人の履歴と丸山眞男との関係をしめした。宛名人本人もしくは関係者の筆になるものを基本としたが、それ以外のものは編集部で作成し、末尾に「編集部」と記した。

九、各巻末に当該巻の時期の関係年譜を付した。

十、最終巻には総索引を付す。

＊　書簡をご提供いただいた方々、文章を寄せていただいた皆様に感謝申し上げます。なお、編集部では

今後も書簡の提供をお願いしております。新たにご提供いただいた書簡につきましては、第5巻に「補遺」として収録させていただく予定です。

第1巻 目次

一九四〇―一九五〇

一九五一—一九五五

一九五六―一九六〇

一九六一―一九六五

一九六六―一九七〇

第1巻・宛名人別書簡リスト（五十音順）

1940–1973

1　津田左右吉*

一九四〇（昭和十五）年六月二十一日〔消印〕

その後、すつかり御無沙汰致しました。先生には相変らず御元気の御様子、なによりと存じます。先日、私の拙ない論文を御送り致しましたところ(1)、御鄭重な御返事をいたゞき、なほ、かねがね拝読したいと思つて居りました先生の御近作を御恵与下され、まことに恐縮の至りに存じます。

日本思想史の勉強をはじめてからなほ日浅く、識未熟なるにもかかはらず、きはめて大胆な分析を敢てしました点、先生の様な御碩学の御目にふれるのが気恥しい心持が致しますが、他方また、どうせ私の様に畑違ひの経歴を持つたものは専門家の真似をしてみたところで、大した成果は挙げられませんので、むしろ思ひ切つて、素人のドグマを提示した方が意外に専門の方の参考になることもあるのではないかとひそかに期して居ります。西洋の社会科学を専攻した者の眼に徳川時代の思想がいかに映じたかといふ点で、多少とも先生の御関心を惹くことが出来ましたら幸甚の至りです。

先生の御身辺のこと、いろいろ心を痛めながらも、如何ともすることの出来ぬ身の無力さを嘆いて居ります。しかし先生の学問的情熱があの位の事情で阻害される様なことは断じてありえないと私ども確く信じて居ります。客観的情勢は現象的にはいかに先生にとつて悪化しているとはいへ、苟も真の学問の何たるかを心得て居る者は、学者たると否とを問はず、また専攻の如何をとはず、況や、先生と説を同じうすると否とを問はず、悉く先生に暗黙の支持と声援を送つて居ります。「しかも地球は動く」と言つたガリレオの精神もて、益〻東洋思想の学問的究明に御専心なさいます様、僭越至極ながら、後進の一人として御願ひ致します。御健康を切にお祈り申し上げます。

〔葉書〕麹町区麹町五ノ七ノ二
津田左右吉先生
東京市杉並区西高井戸二ノ三七
丸山眞男

＊ 津田左右吉　一八七三―一九六一。歴史学者。岐阜県生まれ。早稲田大学教授（一九二〇―一九四〇）。一九三九年十月、東京大学法学部政治学政治学史講座を六回の特別講義のかたちで担当（十二月まで）。「ある日の津田博士と私」（『丸山眞男集』第十六巻）。この書簡は早稲田大学図書館所蔵のものである。『丸山眞男集』第十六巻、岩波書店、より転載。（編集部）

（1）「近世儒教の発展における徂徠学の特質並にその国学との関連」（『丸山眞男集』第一巻）。

2　竹下由美子＊

一九四〇（昭和十五）年十月〔消印・日不明〕

今法学部緑会の旅行で学生七十名ばかりのおともをして熊の湯に来てゐます。由美ちゃんは紅葉の志賀高原をしつてゐますか、これをみずしては未だ志賀高原をかたるには足りません、エヘン、なんてえらさうな口をききましたが、実を云ふと湯田中から丸池、大沼、四十八池を経てここまで雨の中を歩るきどほして来たのでいささかグロッキーになつてゐるところです。明日解散してから僕だけ発《ほっ》哺《ぼ》に上つて石井〔深一郎〕(1)と落合ひ、それから京都にまはるつもりです。京都では木村〔健助〕(2)先生、桑原〔武夫〕(3)先生をはじめ、山田、生島〔遼一〕、都築、大西の諸兄手ぐすねひいてまちかまへてゐるはずです。末筆ながら御母上様によろしく。

〔葉書〕中西由美様
丸山眞男

＊ 竹下由美子　一九二三年、シドニー生まれ。ペンネーム・中西由美。現在　現代演劇協会勤務、演出家。丸山さんの山の友だちの一人として『丸山眞男集』第一巻の月報に短文をのせて頂きましたので御参照下さい。なお『丸山眞男手帖』一三―一六号に「丸山さんと演劇」を掲載。（竹下由美子）

(1) 石井深一郎　一九一四―八一。第一高等学校、東大法学部を通じて丸山の同級生。「石井深一郎のこと」（『丸山眞男集』第十二巻）。

(2) 木村健助　一八九四―一九七九。法律学者。関西大学教授などをつとめる。「木村先生の思い出」（『木村健助先生の追憶』一九八〇年四月、関西大学法学部）（『丸山眞男集』未収録、『丸山眞男手帖』七号）。

(3) 桑原武夫　一九〇四―八八。フランス文学者。京都大学教授。恩師落合太郎（一八八六―一九六九）らとともに一九二〇年代後半から志賀高原発哺温泉天狗の湯を訪れた。「私の定宿――昔日のサロン」（『丸山眞男集』第十六巻）。

3　竹下由美子　一九四一（昭和十六）年八月〔消印・日不明〕

弁済証書

一、「粗画」一品

右正ニ受取申シ候、右ヲ以テ貴殿ノ拙者ニ対スル責務ハ完全ニ弁済サレシ旨、茲ニ厳粛ニ承認仕リ候

昭和十六年八月吉日

丸山　眞男

竹下由美子様

中西由美様
丸山眞男

4　家永　三郎*　一九四四（昭和十九）年三月六日

謹啓、余寒未だ厳しき折柄、お変りもなく御研究にいそしんで居られることと拝察します。偖、こ

のたびは御高著『日本思想史に於ける宗教的自然観の展開』(1)御恵与を賜り、御芳志厚く感謝仕ります。表題の御論作は既に歴研の誌上にて拝読致して居りましたが、かうして纏まった形で再読致しますと、改めて教へらるゝ所まことに多大でした。とくに小生の関心を惹きましたのは、最後の夏目漱石論で、かねがね漱石を思想史の対象とした労作が皆無なのをいぶかり且つ、嘆いて居りましたこととて、俗な言葉で申せば「待つてました」といふ感がしました。未だサッと通読したゞけで、詳細な感想を申上げる事も出来ませんが、漱石の創作態度、さらに突進んで彼の生き方を鷗外のそれとの対照に於いて解明されてゐる点、深き同感を禁じえません。実は小生も日本思想の「欧化」過程への多年の関心からして、漱石と鷗外とを西欧的なものに対する対決の二つの型として取上げて見ようと志しながら、お恥しい事にまだ一応の成果すら発表するに至つてゐないのです。(明治以後の思想がいかに、またいかなる方向で「欧化」されたかの覚え書的な私見は国家学会雑誌五十六巻十二号の麻生氏『近世日本哲学史』紹介(2)の際に叙べて置きました。いま雑誌が手許にありませんが、お序での折、御一覧の上御批判を賜らば幸甚に存じます。) 貴兄によつて打樹てられた指導標をたよりにボツ〳〵この方面の勉強も進めて行きたいと考へて居ります。なにしろ、今は一週二回ばかりの講義に終始追はれ通しといふ情ない状態で、貴兄のエネルギッシュな御研究ぶりには只々感嘆の外ありません。この上とも御垂教を仰ぐことが多多あると思ひます。よろしく御願致します。学者が足もとを忘れてウロ〳〵周囲ばかり見まはしてゐる昨今、真の学問と文化の燈を護る者の任務は愈〻重大になつて来た様です。切角御自愛の程、切に祈り上げます。取敢へず一筆御礼まで。　草々

三月六日

家永学兄

丸山　眞男

〔封書〕神田区三崎町弐丁目四番地　創元社気付
家永三郎様　御礼
本郷区　東大法学部研究室
丸山眞男

＊　家永三郎　一九一三―二〇〇二。家永は丸山眞男さんとは同学年で、一九三七年に大学を卒業した数年後から、六〇年に近い交友を続けた。一九五八年発足の憲法問題研究会にはともに参加し、一九六〇年からは私的な思想史研究会を持ち、学問上・思想上の恩恵を受けた。（家永美夜子）

（1）『日本思想史に於ける宗教的自然観の展開』（創元社、一九四四年二月）。

（2）「麻生義輝『近世日本哲学史』を読む」（『国家学会雑誌』第五六巻一二号、一九四二年十二月。後に『丸山眞男集』第二巻）。

5　南原　繁＊

一九四四（昭和十九）年七月〔消印・日不明〕

先生への御二報を此処から出す様になつたのは、意外でもあり残念でもありますが、結局、自分の体が急激な生活条件の変化に適応出来なかつたためと思ひます。脚気を起したのです。一時は自分の足とも思はれぬ位むくみが来ましたが、一両日休養しましたら、腫れはずつと引きました。しかし軍医殿の診断の結果、入院と決定し、昨日此処にまゐりました。でも至極元気で食欲もありますから、くれぐれも御心配なさらぬ様、御願申上げます。ベッドの上で焦慮にかられながら、途切れ途切れに伝はる世界情勢に思を馳せて居ります。研究室の皆様御元気でせうね。如何なる学問が真に国家に奉仕しうるかの証しが立てられる日は、刻々近づいてまゐる様です。先生の御自愛をお祈り申上げます。

〔葉書〕（平壌より）

＊ 南原繁 一八八九―一九七四。政治学者。東京大学総長。南原繁について丸山は「南原先生を師として」（『丸山眞男集』第十巻）など数多く書いている。『丸山眞男集』第十六巻、岩波書店、より転載。（編集部）

6 南原 繁 一九四五（昭和二十）年三月〔消印・日不明〕

その後軍務にとりまぎれ、御無沙汰にのみ打過ぎ申訳なく思つて居ります。先生はじめ御家族御一同様御健在のことと存じます。十日の夜間爆撃は、伝へ聞けば相当の火災を出した模様ですが、御近親御知人に罹災された方のなき様、遥に祈つて居りますが、如何で御座いますか。小生御蔭を以て大過なく、今度は病気にもならず今日に至りました。四囲の情勢の急テンポな進展はここでもひしひしと感じられます。学業停止のことも、遂に来るべきものが来たといふ気がします。この秋に学部長の重職に先生がお就きになつたといふことは、考へれば考へる程、意味が大きい様に思はれます。ただ先生の御健康のみ若干の懸念なきを得ません。どうぞ呉々も御自愛の程を。小生の事は何卒御放念下さい。奥様によろしく。

〔葉書〕（宇品より）
（『丸山眞男集』第十六巻、岩波書店、より転載）

7 矢部貞治* 一九四五（昭和二十）年五月十六日〔消印〕

先日休暇帰京の際は、もう少しゆつくりとお話をし、又色々御伺ひしたく存じて居りましたのに、時間にせきたてられて遂にその暇を得ませんで大変残念に思つて居ります。御近著『新秩序の研究』(1)有難く拝受致しました。早速こちらに持帰り、仕事の合間を見ては拝読して居ります。とくに敵米英の戦争目的とその批判の章は未だ自分らの手にしえない資料を基礎とされてゐるだけに、最も興趣を受けました。自分の現在の仕事の上にも大変参考になりました事を深く御礼申上げます。自分らの主任将校の弘中中尉殿にも御希望によつて御貸ししました。戦局や世界政治の動向など今後とも御教示下さらば幸甚に存じます。まづは御礼まで。草々

〔葉書〕東京都本郷区　東大法学部研究室内
矢部貞治先生
広島市暁第二九四〇部隊「さ」

丸山眞男

＊矢部貞治　一九〇二―六七。政治学者。鳥取県生まれ。一九二六年東京大学法学部政治学科卒業。同学部助手、一九二八年助教授となり政治学講座を担当、一九三五―三七年欧米留学、一九三九年教授、同年蠟山政道辞職後の行政学講座を兼任した。近衛文麿のブレーンとなる一方、一九四〇年海軍省嘱託となったのを皮切りに、外務省嘱託、大東亜省嘱託、内閣嘱託など。一九四五年十二月、自らの責任を明らかにするため東京大学に辞表提出、一九四六年一月退官（この間の事情は南原繁宛の一九四五年十二月六日付書簡（『南原繁書簡集』一九八七年、岩波書店）参照）。丸山は「神皇正統記に現はれたる政治観」に付した「後記」（『丸山眞男集』第二巻）で、その執筆が矢部の依頼によるものであることを明らかにしている。『矢部貞治日記』「銀杏の巻」（一九七四年、読売新聞社）には、昭和十年代半ばから後半にかけて丸山の記述が登場する。一九四五年十二月十二日の項には「丸山君も僕の家に来て話したいといふ」との記述もみえる。丸山「岡義武――人と学問　丸山眞男氏に聞く」（『丸山眞男座談』9）参照。本書簡集第4巻収録予定の「矢部邦男宛　一九九一年二月十日」も参照のこと。この葉書は政策研究大学院大学政策情報研究センター所蔵のものである。（編集部）

（1）『新秩序の研究』（一九四五年、弘文堂）。

8　岡　義武＊

一九四五（昭和二十）年六月九日〔消印〕

その後御無沙汰致しましたがお変り御座いませんか。……この月並な言葉が最も真実の心を籠めて言はれねばならぬ様な昨今になりました。先日の東京連夜空襲[1]では新聞で見ても相当広範囲に汎ってゐますが、御障りなかつたでせうか。あれ以後、家からも研究室からも全然消息がないので心配して居ります。さぞかし研究室の諸先生にも罹災された方があるでせう。まことに地球の全人類が試練にさらされてゐるといふ感じですね。「願わくば廃墟の中から正しく美しきものが逞しく芽を出さん事を。」なほ御序での折で結構ですから、松本重治(2)さんに、同盟〔通信〕の広島支局に自分のことを紹介して戴く様、御願ひしてくださいませんか。仕事の上で便宜をえたく思ひますから。
呉々も御大事に。諸先生によろしく。

〔葉書〕東京都本郷区　東大法学部研究室内
岡義武先生
広島市船舶司令部「さ」
丸山眞男

＊岡義武　一九〇二―九〇。主人・岡義武（法学部（東大）政治史担当）助教授時代初期から丸山さんは教え子の一人でいらっしゃいました。以来亡くなりますまで公私共に最も信頼も厚く敬愛申して居りました。（岡静子）

(1) 五月二十四日、二十五日の連夜の東京空襲により山手一帯が焼失、死者九万人。江東地区を全滅させた三月九日、十日の空襲に続き、全市街の大半を焼失させた。

(2) 松本重治　一八九九―一九八九。ジャーナリスト。東京大学法学部で高木八尺に学び、米国留学。アメリカ研究から中国問題への関心を深めた。一九二九年京都で開かれた太平洋問題調査会（IPR）の太平洋会議に参加。三二年新聞連合社（後の同盟通信社）に入社、三三年同社上海支局長となり、六年間中国に滞在、三六年の西安事件をスクープした。近衛文麿のブレーンの一人として日米関係打開に努力した。戦後、アメリカ学会や財団法人国際文化会館の創立に尽力し、長く会長や理事長をつとめた。

9 岡 義武 一九四五〔昭和二十〕年七月九日〔消印〕

御手紙たいへんうれしく拝見しました。同盟〔通信〕支局への御紹介、御配慮深く感謝致します。松本〔重治〕さんへは私からも御挨拶致しますが、どうぞお会ひの折、厚く御礼申上げる旨御伝へ下さる様御願ひします。東京の戦禍のなかに奇蹟的に我々の職場が残つてゐることは、なにか責任の重大さといふ様なものを感じます。先生の御宅も今迄のところ御無事でなによりです。南原〔繁〕先生も非常な御元気で学部長の劇職に精励して居られる由、先生の悲壮な心構へが想像されて胸を打たれます。窓から夕映に照り映へる瀬戸内海の島々を眺めますと、この美しい国土に、美しい生活を再び築き上げる日まで、私達は命のかぎり努めねばならぬと切に感じます。まことの学問のちからが現れるときはまさにこれからです。先生はじめ研究室皆様の御健闘を心から御祈りします。

〔葉書〕東京都芝区白金三光町二七三
岡義武先生
広島市船舶司令部「さ」
丸山眞男

10 嘉治隆一*

一九四七（昭和二十二）年七月十五日

謹啓、その後御無沙汰致しました。御変りない事と存じ上げます。小生相変らず、講義に追われ、雑用にまみれ、慌だしい日を送って居ります。引籠って好きな本でも読めた反動時代がかえって懐しい様な気が致します。

偖、たまに御便りすると何かの御願で甚だ恐縮に存じますが、東大の協同組合の出版部で、世界各国の学生運動に関する手頃な概説書を出したいという企画がありまして、単に従来の様に現象的な或は公式的な扱い方ではなく、もっと学生生活との内面的関連が明かになる様なものをつくりたいと非常に意気込んでいます。そうして学生が、是非とも日本の学生運動とくに新人会[1]前後のそれについて、嘉治先生に御願いしたいというので、御多忙中御無理とは存じますが、御面会下さって、色々御話承わらして頂ければ幸甚の至りに存じます。もしどうしても御無理の様でしたら、企画其他についてせめて御示唆なりとも御与え下さいますよう、甚だ勝手な申様で御座いますが、私よりも伏して御願申上げます。

なお協同組合は、兄〔鐵雄〕と放送局の同僚で親友の別枝達夫氏[2]（先生とも二、三度御目にかゝった事があるそうです）が実に熱心に学生の面倒を見て戴いて居りますので、或は兄の方から御願しようかとも存じましたが、連絡の便宜上私から御願申上げた様な次第です。どうぞ学生御面接の上、御援助下さいます様、くれぐれもよろしく御願申上げます。書面で失礼に存じますが、取敢えず一筆まで。その中お目にかゝって、久しぶりに色々御話を伺いたく思って居ります。

七月十五日

丸山　眞男

嘉治隆一先生

〔原稿用紙〕東大協同組合学生持参　嘉治隆一先生

目黒区宮前町六四

丸山眞男

＊　嘉治隆一　一八九六―一九七八。ジャーナリスト。戦後『朝日評論』編集長。丸山と嘉治隆一の関係については「如是閑さんと父と私」（『丸山眞男集』第十六巻）、『自己内対話』、みすず書房、一九九八、一八五頁を参照。（編集部）

（1）　新人会　一九一八年東京帝国大学学生により結成された学生運動団体。嘉治も会員の一人で、翌一九年から二二年まで機関誌『デモクラシイ』『先駆』『同胞』『ナロオド』を刊行。一九二二年学生連合会（二四年に学生社会科学連合会と改称）結成後は全国の学生運動の中核となった。三・一五事件後に大学当局から解散命令、一九二九年日本共産青年同盟への発展的解消を宣言して解散した。

（2）　別枝達夫　一九一一―七八。一九三六年ＮＨＫ入局。その後、東京大学協同組合出版部顧問をへて、成蹊大学文学部教授。著書『海事史の舞台』（一九七九年、みすず書房）。

11 野口智子*　一九五〇（昭和二十五）年五月六日〔消印〕

御手紙拝見しました。チューターの件、飯坂〔良明〕君[1]という、大学院特別研究生をこの間終った人が、目下一番可能性があるのですが、一応そちらの代表の方とお目にかゝって御相談の上、最終的に決めたいというのです。それで、恐縮ですが、月曜日（八日）に僕の研究室に御出まし願えませんか。当日僕は二時半まで講義があるので、そのあとで、三人でお話したいと思います。その時間頃に、室の前で待っていて下さい。取急ぎ御返事まで。　草々

〔葉書・速達〕北多摩郡小平町小川　津田塾東寮
野口智子様
文京区　東大法学部研究室内
丸山眞男

* 野口智子　一九五〇年の春、津田塾大学の学生の間で政治学への関心の高まりから政治学研究会を組織するに当って、丸山先生から貴重な助言をいただいた。その研究会の共同代表。一九五二年津田塾大学英文学科卒。一九七四年九月病没。（掛川トミ子）

(1) 飯坂良明　一九二六—二〇〇三。政治学者。学習院大学教授を経て聖学院大学学長。

12　高見順＊

一九五一（昭和二十六）年一月二十三日〔消印〕

先日は御鄭重な御見舞状をいたゞき恐縮しました。病臥以後、今更のように自分の小さな存在がまわりの人々の心のなかに意外に広く深い座を占めていることを知らされ、昔風の言葉でいえば〝勿体ない〟という気持で一ぱいです。とくに同じ病に悩んだ方の御見舞には、まさに文字通りMit-leid〔共苦〕の念があらわれていて、いままで僕が友人知己のそうした病人にどんなに冷淡だったかをしみじみ反省させられました。幸い私の場合は左肺尖の一部だけで比較的処置しやすいので半年も寝て居ればいゝのではないかと思います。高見さんにはこの点でも先輩として今度いろ〳〵御教えを請う事が多いと思います。どうぞよろしく。　御体御大事に。

〔葉書〕鎌倉市大船山ノ内六三三
高見順様
東京都目黒区宮前町六四
丸山眞男

＊　高見順　一九〇七—六五。小説家。福井県生まれ。本名・高間芳雄。第一高等学校から一九二七年東京大学文学部英文科に進む。高見順のペンネームで小説を発表。卒業後の一九三三年、治安維持法違反で検挙・留置され、そうした体験をもとに『故旧忘れ得べき』を発表。四一年に徴用でタイ・ビルマへ向かう。戦後、日本近代文学館創設に尽力、初代理事長となる。『昭和文学盛衰史』「第二十章　発哺の宿」には、一九四〇年八月、志賀高原発哺温泉滞在中の丸山と、島木健作とともに訪れた高見順の交際が描かれている。また、丸山の「お隣りの三雲さん」

（『丸山眞男集』十二巻）「私の定宿——昔日のサロン」（『丸山眞男集』十六巻）も参照。（編集部）

13　青木やよひ*　一九五一（昭和二十六）年九月〔消印・日不明〕

めっきり秋らしくなって来ました。御元気のことと存じます。先日はメニューヒンの切符どうも有難う、ほんとに度々御面倒をかけてすまないと思っています。僕の方は先週にまた穿刺をして水を三〇〇cc位とりました。しかし今のところは膿胸の心配もなさそうです。音楽会に行って拍手なんかすると水がまた溜るぞと主治医におどかされていますから、まあ足で拍手——じゃない拍足する練習でもしようと思っています。十月のコンチェルトもききたいものですね、やっぱりベートーヴェンに興味がそゝられます。もしまた御願出来るようなら御願したいものですが、もうあとの祭だろうとあきらめています。明木曜に退所します。また御序での折、家の方に遊びにいらして下さい。小尾〔俊人〕君はじめ皆様によろしく。

〔葉書〕文京区春木町一ノ二二　みすず書房内
青木やよひ様
中野療養所十一舎
丸山眞男

＊　青木やよひ　野田良之先生の御紹介でみすず書房に入社した御縁で近しくさせて頂き、事物を「見る」とはどう

いうことかを先生から学んだ。その後、大学や市民講座などでフェミニズムを講じ、現在、評論とベートーヴェン研究に従事。（青木やよひ）

14　小尾俊人*　一九五一（昭和二十六）年九月二十五日

漸く秋の色も濃くなってまいりました。お変りなくお過しのことと存じます。さて小生去冬発病以来一方ならぬ御心配をお掛け致しましたが、このたび七ヶ月にわたる療養所生活を終えて、気胸に通いながら自宅療養をする運びとなりました。入所中、皆様からいろいろの形でいたゞいた御親切は私にとって生涯忘れ難い感銘として心に焼付けられております。退所は致しましたもののゝこれから結核に一番大事なアフタ・ケアの段階に入りますので、折角今迄の皆様の御厚志を無にせぬよう、安静専一に心掛ける所存で御座います。内外の時事益〻多端の折柄、皆様の御健勝を切にお祈り申上げます。

まずは右取敢えず御礼旁々退所の御挨拶まで。

一九五一年九月二十五日

東京都目黒区宮前町六四番地

丸山　眞男

〔本人加筆〕高橋〔正衛〕・北沢〔方邦〕・青木〔やよひ〕諸兄姉によろしく。月曜（気胸）以外の日で、
一時—三時を避けた時間にお寄り下さい。

〔葉書・退院通知・印刷〕小尾俊人様
東京都目黒区宮前町六四番地
丸山眞男

＊ 小尾俊人 一九二二—。明治学院大学在学中、学徒出陣。復員後、みすず書房編集者。『戦中と戦後の間』を編む。「その放射力のただなかで」（『丸山眞男集』第一巻・月報）。著書『本が生まれるまで』『本は生まれる。そして、それから』。（小尾俊人）

15 木下順二＊ 一九五一（昭和二十六）年九月二十五日

〔小尾俊人14と同文〕

〔本人加筆〕蛙昇天(1)の上演、どうなったか気にしています。いろ〳〵不満はあるでしょうが、僕としてはあのまゝでもいゝから一日も早く舞台にのせることを希望します。またお会いしたいものです。

〔葉書・退院通知〕文京区追分町五三 東大青年会館内

木下順二様
東京都目黒区宮前町六四番地
丸山眞男

＊ 木下順二 一九一四―。劇作家。東大英文科卒業。『夕鶴』『子午線の祀り』他。丸山君とは戦後すぐ、未来社社長、故西谷能雄の紹介で知り、以後非常に親しくなる。対談も何度か。木下作『沖縄』『子午線の祀り』その他の懇切な批評を書いてもくれた。（木下順二）

（1）『蛙昇天』『木下順二作品集5 山脈（やまなみ）・蛙昇天』「解説対談」（後に「現代劇における方法意識」と改題）（一九六一年十月、未来社）。

16 木下順二　一九五二（昭和二十七）年一月一日

年頭の御挨拶申上げます。

昨年はいろいろ御心配をおかけして相済まなく思います。家の方の事も、貴兄にエンコラサと波打際から舟を押出してもらってやっとオールを握る覚悟をつけました。御忙しいところをわずらわせた御友情のほどは何とも感謝の言葉もありません。今年は小にしては私達身辺の上に、大にしては世界の上に、もう少し「めでたい」年であります様に。

一九五二年一月

〔年賀状〕 文京区追分町五三　東大青年会館内
木下順二様
丸山眞男

丸山 眞男

17 家永 三郎　一九五二（昭和二十七）年十月十七日

御無沙汰致しました。相変らず御元気で御研鑽のことと存じます。先日も堀切〔眞一郎〕(1)が上京して小生宅に寄った際、貴兄のお話なども出ました。

さて甚だ唐突ながら今日は一つ御願があるのです。というのは、小生が東大法学部で担当している東洋政治思想史の今年の講義を臨時に貴兄に受持って頂けないかという甚だ勝手なお願なのです。(2)御承知の通り、小生昨年からずっと静養中で、今年は一応春学期は休んで、十月末から始まる秋学期には何とかして講義を始めようと思っていたのですが、医者の言では、やって出来ないことはないが、出来ればまずゼミナール位から段々トレーニングをした方がいゝとの事で、岡〔義武〕教授も来年春まで自重した方がいゝという御意見なので、まあ今年はゼミだけにとゞめておこうという事になりました。ついては至急に本年度の講義担当者をきめねばならなくなり、御迷惑を重々承知の上、貴兄に御願する決心を致しました。昨年度は北大の板野〔長八〕(3)教授に、主として中国の先秦時代の政治思想史を御願致しましたが、今年は、もし御願出来るなら貴兄に、日本の古代か中世（或はその両方）あたりの政治史をやって頂けたらと思います。むろんこれは小生の方の一応の希望にすぎず、貴兄が日本・中国の政治思想史から自由にテーマを選んでいただいて結構です。十月二十日過から来年の二月頃まで毎週二回（一回一時間半）ということになっておりますが、貴兄の御都合で、十二月とか一月とかにまとめて連続講義して頂いても、或は二度か三度かに分けてやって頂いても、その辺はこちらで何とか時間をヤリクリするつもりです。

要するに、合計十五回（一回一時間半）から二十回位の講義時間が最低必要なので、それを冬学期中に適当に割りふって下さったら結構なのです。既によく御体験（？）のことと思いますが、国立大学への講義というのは、全く恐るべき御礼しか出せないので、勤労奉仕を強要するに近く、その点だけからも御出講をお願いすることには気がひけますが、こちらの窮状御汲取りの上、ご承諾頂けましたら、幸甚これに過ぎるものはありません。まだ教授会の議を経ていませんが、その前に一応貴兄の御意向をお伺いしたいと思ってお手紙差上げました次第です。どうか枉げて御承知下さる様、ひとえにお願致します。

申し遅れましたが、原敬日記の御研究(4)、大変有益に拝読致しました。小生も原田日記の仕事(5)がやっと一段落つきましたので、日本の重臣層イデオロギーの分析をもう少し突込んでやって見たいと思っておりました矢先だけに大変参考になります。休暇中家を空けておりましたので御礼が遅れて失礼致しました。なお、貴兄も執筆された福沢選集の解題を小生も病臥中無理して書きましたが(6)、恐らく岩波の方から御届けしたと思います。貴兄の忌憚ない御批評を戴けましたら幸いです。

以上甚だ突然に御無理な事を申上げ重々恐縮に存じますが、何卒よろしく御配慮の程、切望致します。御自愛の程切に祈り上げます。

昭和二十七年十月十七日

丸山　眞男

家永三郎学兄

〔封書〕世田谷区世田谷二ノ一八九九
家永三郎様
武蔵野市吉祥寺三一九
丸山眞男

（1）堀切眞一郎　第一高等学校、東大法学部を通じての丸山の同級生。
（2）丸山が担当する政治学政治学史第三講座（東洋政治思想史講座）の一九五二年度冬学期の講義を家永が代講した。
（3）板野長八　一九〇五―九三。中国思想史学者。一九四七―五八年北海道大学教授、五八年から広島大学教授。一九五一、五四―五六年度の政治学政治学史第三講座を代講する。
（4）『歴史地理』第八三巻一号、一九五二年一月。
（5）西園寺公望の政治秘書原田熊雄（一八八八―一九四六）の日記。一九四八年十一月、丸山は吉野源三郎から校訂編纂を委嘱され、後に『西園寺公と政局』全八巻・別巻1（一九五〇―五六年、岩波書店）と題して刊行。
（6）『『福沢諭吉選集』第四巻解題』（一九五二年七月、岩波書店）（『丸山眞男集』第五巻）。

18　家永三郎　一九五三（昭和二十八）年一月一日〔消印〕

謹んで新年のおよろこびを申上げます
旧臘は大変御迷惑なお願[(1)]をきゝとゞけて頂き感謝に堪えません。正月から一寸家を空けておりましたが、その間に『朝日』の書評が出たのを知りました。[(2)]全く文字通り汗顔の至りですが、御好意がぢかに膚に感じられる思いがしました。「西村茂樹論」[(3)]興味深く拝見しました。実は私も茂樹については、三年許前に主として神裔の問題と、国際道徳の問題を中心として調べた結果をまとめようと思ってそのまゝになって居りましたので、完全に一本参ったというところです。そのうちまたお目にかゝりましょう。

〔年賀状〕世田谷区世田谷二ノ一八九九
家永三郎様
武蔵野市吉祥寺三一九
丸山眞男

（1）書簡17の注（2）参照。
（2）『日本政治思想史研究』（一九五二年十二月、東京大学出版会）の家永の書評「丸山眞男の労作」（『朝日新聞』一九五三年一月五日号）。
（3）『開国百年記念明治文化史論集』（一九五二年十一月、乾元社）所収。

19　安光公太郎＊　一九五三（昭和二十八）年三月九日〔消印〕

正月にはたいへん面白いお話をお教えいたゞきありがたく存じました。筆不精とはいいながら雑用にとりまぎれて、こんなに御礼が遅くなって大変失礼しました。またあゝいう材料があったら是非御教示願います。今年からはレギュラーに大学に出るつもりです。東京の御住所が分らぬまゝに、御郷里の方に出しました。

御健勝をお祈りします。

〔葉書〕高知県幡多郡佐賀町
　安光公太郎様
東京都武蔵野市吉祥寺三一九
　丸山眞男

＊　安光公《きみ》太郎　一九二五―二〇〇三。高知県中村市生まれ。旧制中村中学校から旧制高知高等学校をへて東京大学法学部入学。在学中に海軍予備学生となり旅順、佐世保などでの勤務をへて敗戦。一九四八年度の丸山の東洋政治思想史の講義を聴く。一九四九年卒業。神友商事株式会社代表取締役。「手紙の中の丸山先生」（『丸山眞男集』第六巻・月報）を参照。（編集部）

20　家永三郎　一九五三（昭和二十八）年七月六日〔消印〕

御元気のことと存じます。昨日は「歴史地理」の御論稿[1]を御送り下さって有難く存じます。早速拝読、殆ど言々句々共鳴を感じました。ただ日本の啓蒙思想を問題にする場合、明六社以来「上流の民権説」としての根強い伝統があって必ずしもブルジョア啓蒙主義一般の歴史的制約――たとえば社会主義に対する態度――に解消しきれないものがあるのではないか。それは日本やドイツのような国での旧体制の崩壊期におけるインテリゲンチャの社会的性格とも関連する問題ではないかというような事を考えております。取敢えず御礼まで。

〔葉書〕世田谷区世田谷二ノ一八九九
家永三郎様
ムサシノ市吉祥寺三一九
丸山眞男

（1）「津田史学の思想史的考察」（『歴史地理』第八四巻一号、一九五三年六月）。

21　木下順二　一九五三（昭和二十八）年十一月二日〔消印〕

先日は遠路御来訪をいたゞいたのに、また生憎と僕も女房も家を空けていて、珍客なだけに帰ってから地団太ふんで——というほどでもないが——口惜しがりました。きっとこの間から僕が微熱を出して寝ていたので、御心配をかけたのだと思い、恐縮しています。もう元気です。昨日細川君の話では京大阪公演[1]も無事に終わった由、改訂の結果がどんなだったかお伺いしたいものです。
先日に懲りずに是非〳〵またご光来を請う。

〔葉書〕文京区駒込千駄木町五〇
木下順二様
丸山眞男

（1）京大阪公演　ぶどうの会による木下の戯曲「風浪」の公演。

22　小尾俊人　一九五四（昭和二十九）年四月四日〔消印〕

御見舞のおたより、うれしく拝見しました。自業自得で、だれを恨むこともできませんが、それかといって、高僧のように悟りすました境地には到底なれず、またなろうとも思いません。むしろ自分を偽らないで、この言葉につくせない口惜しさ、病魔に対するつきあげるようなにくしみに徹底したら、かえって平静な世界がその先にひらけてくるかもしれません。まだ病状が落着かないので、面会を制限（禁止に非ず）されています。皆さんからいたゞく手紙が一番慰めになるので、お会いするのは、もう少し先のことにして、せいぜいシャバの様子など手紙でしらせて下さい。そうして、そのうちおひまができたら、この前の中野にいたとき見せていたゞいたボナールの画集のようなスバラシイ画集がありましたら、またお借りしたいものです。高橋〔正衛〕君、青木〔やよひ〕さんなどによろしくお伝え下さい。

〔葉書〕文京区春木町一ノ二三　みすず書房
小尾俊人様
世田谷区玉川瀬田町　玉川病院
丸山眞男

23　木下順二　一九五四（昭和二十九）年九月十日〔消印〕

その後御無沙汰、御活躍の様子は、いろいろのソースからきいています。ところで[1]懸案のこの療養所「平和の会」主催の講演会に、今月はどうでしょうかと頼まれた。ぶどうの〔会の〕公演もあるし、ラヂオなどで忙しそうなのでどうかと思うけれども一応御都合を伺います。こちらの都合は水、土、日以外の曜日ならいつでもよく（最適は木曜）、大抵六時半開始だが、平和の会の委員と会食するならわしだし、僕も久しぶりで一寸会いたいので、五時半頃来所してくれれば有難い。池袋・目白駅辺までなら自動車を迎えに出すとのことです。それに虫のいゝ注文としてはぶどうの〔会の〕女優さんでもひっぱって来て朗読をしてくれれば、というのだが、これは承け合えないといっておきました。九月がゴタゴタして多忙なら来月でも結構です。どうかよろしく。

〔往復葉書・往信〕文京区駒込千駄木町五〇
木下順二様
中野区江古田　国立中野療養所十一舎
丸山眞男

（1）ぶどうの会　女優山本安英（一九〇二―九三）が一九四七年四月に若い俳優らと結成、四九年十月に「夕鶴」を初演した。一九六四年九月の解散後、山本は六五年十一月にひとりで山本安英の会をつくった。

24　掛川トミ子＊　一九五五（昭和三十）年一月一日〔消印〕

謹んで新春のおよろこびを申上げます。

私事

再度の療養生活を余儀なくされてから、はや一年の歳月がめぐつて参りました。この間、周囲の先輩、友人、知己の皆様の温い御同情と御支援に励まされつゝ、昨秋二回にわたつて手術を受け、幸にきわめて順調な経過を辿つております。こうした皆様の御厚情なしには今日までの恢復は到底考えられぬところと存じます。年頭の御挨拶に当り、こゝに近況の御報告を兼ねて御礼の一端を申しのべさせて頂きます。

元旦

東京都中野区江古田三丁目　国立中野療養所第十一舎

丸山　眞男

〔本人加筆〕　暖い御手紙ありがたく拝見しました。もう元気ですから、おついでの折にはお寄り下さい。（三時から六時まで）

〔年賀状・印刷〕千葉県市川市中山五一七　竹田正行様方

掛川トミ子様

東京都中野区江古田三丁目　国立中野療養所第十一舎

丸山眞男

＊ 掛川トミ子　一九三一年生まれ。旧制高等女学校四年の時、発売されたばかりの『世界』（一九四六年五月号）に載った「超国家主義の論理と心理」を読み衝撃を受ける。東大大学院社会学研究科修士・博士課程在学中、同大新聞研究所（現・社会情報研究所）助手任期中、その後も丸山先生の主宰する研究会その他で指導を受ける。学部演習（六四、六六、六七年度）に参加。関西大学名誉教授。（掛川トミ子）

25　高野耕一＊　一九五五（昭和三十）年〔消印不詳　推定〕

お便りと何よりの結構な御見舞ありがたく戴きました。故御母上についての御感想は近来になく私の胸をはげしくゆすぶり、涙を止めえませんでした。私も戦争が終ってアーこれで母に会えると思ったところへ、電報で死を知らされた時の渦巻きのような感情の沸騰や、復員して家に帰り、父、妻、兄弟にロクに挨拶もしないでまっすぐに位牌に歩みよって「只今帰りました」といったまゝワッと泣き出した時のことを昨日のように生々しく覚えていますだけに、この世に二つとなく愛された御母堂の臨終に間に合われなかった貴兄の御気持には文字通りMit-leid〔共苦〕を感じます。ふつう悲しみは時間に比例して薄らぐといいますが、私など今でも、顔を洗おうと顔を下げた時とか、長い廊下を歩いているとき、といった全く何でもない一瞬にフト母にもう会えないという悲しみが胸をえぐるように襲って来ます。きっとあなたもそうだろうと思えますので、下手ななぐさめなど申し上げる気になれません。お体御大事に。

〔葉書〕旭川市東六条一丁目
高野耕一様
東京都中野区江古田　国立中野療養所十一舎
丸山眞男

＊ 高野耕一　一九二四年生まれ。東京大学法学部卒業後裁判官となり、一九八九年定年退官。大学教師を経て現在弁護士。東大在学中丸山ゼミに一期生として一九四七年から三年連続参加し、先生から丸山ゼミの「ボス」と言われた。「笑顔の中の孤愁」（『丸山眞男集』第十六巻・月報）「丸山ゼミと私」を書く。〔高野耕一〕

26　掛川トミ子　一九五五（昭和三十）年九月十七日〔消印〕

先日は御鄭重な御悔みをいただき恐縮しました。(1) 十年前母の死に際し感じましたような肉体の一部をもぎとられる底の生理的苦痛は今度は経験しませんでしたが、その代り日が経つに従って何かもっと抽象的（？）な空虚感が心のなかに忍び寄って来ます。あなたにも思想の科学の問題などでお便りしなければと思いながら御無沙汰して申訳なく思っていたところでした。なにしろ物理的意味で「運動」が制限されていますので、いろいろ心配するばかりでお役に立ちませんでしたが、竹内好君、日高〔六郎〕君などを通じて私の意のあるところを伝えるように努めてきたつもりです。あなたもさぞ失望が大きかったでしょうが、今後の会はえらい文化人ではなくて、あなたのような――失礼ながら

――無名のオルグによって推進されねばならないと思っていますし、徐々ながらその方に向っておりますので、どうか投げないで今後もいろいろな形で支援して下さい。私は幸い健康の方も順調ですので、秋からボツ〳〵研究室にも顔を出すつもりです。御上京の折でもあったらお立寄り下さい。御健勝を祈ります。

〔葉書〕香川県丸亀市渡場
掛川トミ子様
東京都ムサシノ市吉祥寺三一九
丸山眞男

(1) 八月十六日、丸山の父幹治死去。享年七十五歳。

27 掛川トミ子　一九五五(昭和三十)年十月十四日〔消印〕

お便り拝見しました。目下大体面会日を木曜と土曜にきめています(仲々実行してくれませんが)。今度の土曜日(十五日)には、今のところ午前の十時―十一時の間に人が来る事になっていますが、それ以外の時間なら空いています。

もし多少こみいったプライヴェトな御用事でしたら、月曜(十七日)の午前中においで下さい。

いずれお目にかゝった上で。

〔葉書・速達〕市川市中山五一七
掛川トミ子様
ムサシノ市吉祥寺三一九
丸山眞男

28　掛川トミ子　一九五六（昭和三十一）年五月二日〔消印〕

御手紙拝見しました。四月下旬から書棚の建増しなど家の中がゴチャ〳〵しました上に学会などあって、御返事が遅れたことをおわびします。目下大体、木曜と土曜を面会日にあてゝいますし、月曜には大学の研究室の方に出ています。来週木曜（十日）あたり午前十時―十二時あたりいかゞですか。それが遅すぎるようでしたら、七日の月曜日一時半ごろ研究室の方へおいで下さい。なおゼミはまだやっていません。時間割に組んであるのは、ガイダンスといって個人指導です。いずれお目にかゝった上で。

〔葉書〕市川市中山五一七　竹田様方
掛川トミ子様
武蔵野市吉祥寺三一九
丸山眞男

29　松本三之介＊　一九五六〔昭和三十一〕年六月三日〔消印〕

御元気のことと存じます。そちらも同じかもしれませんが、東京はちかごろ猛暑つゞきで閉口しています。もう何日も雨がふらぬので、一寸風がふくと砂塵濛々——こうなると、あの吉田内閣末期のときに滑ってころんでも吉田悪政のせいにされたと同じ様に、やっぱり水爆の影響かということになりそうです。

さて、今日は折入ってお頼みがあります。それは例の政治学会の年報の件です。今度は中央大学が主としてやることになりましたが、東大からも斎藤〔眞〕君と僕が編輯委員として出ることになり、先日来数回集ってプランを練り、結局先回（及び恐らく次回の）学会テーマとも関連させてマス・デモクラシーの理論を思想史的な面でアプローチしようということにきまりました。一応内定したテーマと執筆者は左の通りで、大体貴兄以外は承諾されましたが、貴兄は恐らく渋るだろうというので小松〔春雄〕君の方からお頼みする前に、小生からプッシュしてくれという甚だ有難くない役目を仰せつかって一筆する次第です。ともかく予定を並べますと、

一　J・S・ミルからフェビアン社会主義へ　　石上良平
二　サンディカリズムの政治思想　　五十嵐豊作
三　多元的国家論の問題　　松下圭一
四　ドイツにおける修正主義の登場　　猪木正道

五　法治国家論の分裂（カール・シュミットとヘラー）　原田　鋼
六　大正デモクラシーの思想　松本三之介

大体以上が主論文で、これに岡義達君がマス・デモクラシーの文献目録を付し、あとは例年のIPSA〔International Political Science Association〕の報告とか、ワイマール・デモクラシー及び地方自治の文献解題、学界展望などです。主要テーマは大体第一次大戦前後の時期にしぼって、古典的な議会政に対するいろいろな形でのチャレンヂ及び古典的な社会主義の転換の問題を扱おうというのが狙いです。日本はちょっと問題が合わないと感じられるでしょうし、果して大正デモクラシーがマス・デモクラシーといえるかどうか疑問なのですが、これは日本の論文を入れると入れないでは売行がちがうという岩波側の意向もあって、まげて貴兄に御執筆願いたいという事になったわけです。ですから、対象を吉野作造とか大山郁夫とか山川均とかいった特定の思想家に限定するか、もしくは、代表的な潮流をそれぞれ代表する人を数人選んで論ずるかといった事は全く貴兄の自由ですし、アプローチの仕方も決して他のテーマなり執筆者に拘泥される必要はありません。日本の場合はそもそも古典的なデモクラシーがないので「転換」の仕様もないわけですが、ドイツ的国家思想（天皇制の正統的解釈理論としての）に対する挑戦という形でとりあげても結構です。締切はギリギリ秋の学会まで（今度は期日通り出してくれという厳重な岩波側の申出があるのです）で、枚数は大体五〇枚―六〇枚（四百字詰）というところです。御迷惑重々お察ししますが、何とか考慮していたゞけないでしょうか。今日は長くなりますので要件のみ記しました。よい御返事をお待ちしています。

丸山　眞男

松本三之介様

〔封書〕大阪市東住吉区西鷹合三ノ一　鷹合アパート三三〇号
松本三之介様
武蔵野市吉祥寺三一九
丸山眞男

＊松本三之介　一九二六年、茨城県生まれ。一九四八年、東京大学卒業、同大学大学院特別研究生。のち大阪市立大学助教授を経て、東京教育大学・東京大学・駿河台大学教授。現在　東京教育大学・東京大学・駿河台大学名誉教授。専攻は日本政治思想史。大学院特別研究生の際、丸山先生を指導教授として日本政治思想史を専攻、以後、先生を学問上の師とする。先生の外国出張の間、一時、先生の日本政治思想史講義を代講。東京大学在職中は、先生と同じアジア政治思想史講座を担当。〔松本三之介〕

30　木下順二　一九五六（昭和三十一）年十月四日〔消印〕

『評論集』いま拝受しました。このところ、〔杉浦〕明平、岡本太郎と、未来同人の力作(1)を続々もって読みきれないでうれしい悲鳴をあげています。今日の新聞で、砂川町に行っている事を知り、大いに期待しています。なま〳〵しい報告をぜひきゝたい(2)ものです。
目下講義の準備――やんぬるかな――と未来社の債務に挟撃されて目もあてられない有様です。落ちついたら一度またゆっくりお会いしたいと思います。折角御奮闘のほどを。

〔葉書〕文京区駒込千駄木町五〇
木下順二様
ムサシノ市吉祥寺三一九
丸山眞男

(1) 一九五五年八月、政府は米軍の五飛行場の拡張を発表、九月、東京都砂川町(現・立川市)で立川基地拡張の民有地の強制測量が始まると、地元住民、労働組合員、学生らの参加した強力な反対運動が起きた。五六年十月十二、十三日には負傷者千百余人にのぼる流血の事態となり、十四日政府は測量を中止した。

(2) 『現代政治の思想と行動』(上)(一九五六年十二月、未来社)の刊行に向けて「追記」「補註」の執筆中であった。「三十五年前の話」(『丸山眞男集』第十五巻)。

31 家永三郎

一九五六(昭和三十一)年十月十四日〔消印〕

御高著『歴史と教育』(1)御恵贈に与り、厚く御礼申上げます。こうして纏められてみると、今更ながら近年のエネルギッシュな御活躍に驚嘆と羨望の念を禁じえません。序文に書かれているようなことは本来ならば学者の常識なのですが、それが常識になっていないために、あのようなアポロジーが必要になる日本の現状に深い悲しみと憤りを感じます。アカデミシャンでいろいろの事情から貴兄と同じような活動ができない人は、自分に代って奮闘している人に対して感謝するのが当然なのに――そういう人も決して少くありませんが――あべこべに冷眼視するとはいうべき言葉もありません。学者の歩み方についてはそれぞれの信条に対するトレランスがもっともっとなければいけないと思います。ところが日頃、寛容とか自由とかいっている人が、こういう生き方の問題になると、ひどく不寛容になってしまうのはどういうわけでしょう。

〔葉書〕世田谷区世田谷二ノ一八九九
家永三郎様
ムサシノ市吉祥寺三一九
丸山眞男

（1）『歴史と教育――深まり行く歴史の危機に面して』（一九五六年九月、大月書店）。

32　今村成和＊　一九五七（昭和三十二）年一月二十四日

その後御無沙汰しておりますが、御元気のことと存じます。こちらはもう一ヶ月半も雨雪しらずで、いかにドライの季節とはいえ、あまり乾きすぎて閉口していますが、そちらはいかゞでしょうか。
さて、突然御手紙を差上げますのは、外でもありませんが、貴学部の助手で目下私の指導下に内地留学をしているO君のことです。O君は貴学部の非常な御好意によって助手期間も延長して戴きましたが、それもこの三月で切れますので、その後のことを至急に考慮せねばならぬ時期に来ております。助手論文としてトクヴィル研究を書き上げ、目下私の下に提出していますが、この論文の内容や出来栄えを直接御紹介するのが、このお便りの目的ではなくて、O君の将来のことを、貴学部の諸教授がどのようにお考えになっていられるかということを、ごくプライヴェットな、学兄と小生との間の問題として、学兄からお伺いしたいと存じた次第です。

御承知のように小生長らく病気で休んでおりましたので、漸く昨秋あたりから一週一、二回研究室に出ている位で、東大法学部についてすらコミュニケーションが十分でなく、浦島太郎の嘆きをしばしば持つ有様ですから、況んやそちらの御事情については皆目見当がつきません。昨秋政治学会で一寸矢田俊隆君にお目にかゝって、O君の話も出ましたが、まゝ論文を見て、よければ推薦してほしいといった程度の抽象的な話に終りましたし、その後尾形〔典男〕君には、二、三回研究室で会いましたが、彼もずっとこっちにいるので、最近の様子は分らないということで、どうもハッキリした見透しがつかない様子なのです。学兄は法律の方で、こういうことをお伺いするのは大変御迷惑なことは重々承知しておりますが、北大でフランクに御相談できる人というと、法律の方で学兄と、政治では矢田君というようなことになってしまいますので、唐突で失礼と思いましたが、そちらの状況と目下の見透しについてお差支えない限り御考えを伺いたいと存じた次第なのです。（矢田君にはのちほどまたO君の論文内容にも触れてお便りするつもりです。）むろん論文の出来も分らぬ現在、助教授とするとかしないとかいうようなことについての御見透しを伺っているのではなくて、もし私がO君を責任をもって推薦し、またそちらの方々も論文を読まれて、これならpassableだと御判断になったならば、昇進させる可能性があるかどうか、その可能性にこちらがどの程度期待したらいゝかというような事についてお洩らし願えれば幸甚なのです。と申しますのは、北大の現在の状況、競争候補者の問題、講座増設のプライオリティーというようなすべての条件を考えて、論文の成績に関係なく、とても可能性がない、もしくは非常に少いというような事でしたら、至急他のポストを探さねばなりませんので、そうしたメドがいくらかでも立ちましたら当方としてもそれに応じた考え方で進む事ができるわけなのです。これは前にも申しましたように、どこまでも非公式な個人的なお便りですので、一々他の方々の意向を当ってみられるというような御面倒なことをお願しているのでは毛頭なく、たゞ学兄が現在学部全体を御覧になっておよその見当をつければこの辺だというところをお伺いしたいのです。むろん御返事の結果は私限りにしておきます。

それにしてもO君の人物や能力について皆目分らないのではあまりに仮定的でお答えにくいかも知れませんから、ごく簡単に私の所見を申述べておきます。O君はいわゆる才気煥発型の秀才とはおよそ対蹠的で、風貌と一寸した会話からすぐ分りますように、ボクトツな田舎者という感じです。しかも表現困難症（?）とでもいゝましょうか、自分のアイディアをズバリとすぐ表現できず、モタモタしている上に、敬語などの使い方も適当でないので、たとえば、官庁や会社の面接試験ではまず落第するタイプでしょう。論文にもこうした形式上の欠陥が反映していわゆるスマートさにかけています。よく大学の試験の模範答案のような整った論文を最初から書く人がいますが、そういうタイプと正反対といっていゝでしょう。しかし私は、思想や理論を執拗にほりさげて複雑にからみ合っている文脈をときほぐして行く能力は非常にあると思います。今度の論文なども、決して要領のいゝ論文ではありませんが、トクヴィルのよみの深さという点では、抜群といって過言ではありません。戦後のヨーロッパでもトクヴィル研究は一つの流行になっていますが、そういう「流行」的研究のアプローチの仕方にひそむ盲点をO君の論文は鋭くついています。それに何といってもフランス政治思想史の研究者は日本にきわめて少く、その意味でもO君のような人を育てて行く義務が——何も北大ということでなく——学界にあるように思います。ただしあまりに「研究者」の面が強すぎるので、もう少し表現能力などを身につけてもらわないと教育者としては困るでしょう。（講義などは恐らく下手クソだろうと察せられます。）また、問題の多面性を直感的につかむ力に比べて、論旨を形式論理的な順序で展開して行く能力が劣っているようにも思われます。しかし詳しいことは、また正式に論文の所見を申述べる機会がありましたら、その折に申し上げることとして、今日はほんの御参考までにとゞめておきます。

　私は生来無精のせいもあって、人事ということが実に苦手で、そのため顧みて私位、自分の「弟子」に不親切な教師も少いだろうと反省しています。その代り——というと変ですが——私関係の助手や研究生の人事で多少とも無理をして押しこんだ例はいままで一つもありません。全員から喜んで迎えられるような人事でなければ、結局あとにシコリが残るので、そのために、本人の就職が多少遅れたり、不利になっても止むをえないと思っています。それでO君の場合も、根本はこういう方針でありますから、決して北大に御無理をお願するつもりはありません。右のこと御含みの上、率直なところを御きかせ願えれば幸甚の至りに存じます。

　甚だ唐突に御迷惑なことをお伺いして重々恐縮の至りです。本来ならお目にかゝって色々お話申上げ、また御意見もおきゝできればと思いますが、そういう機会も近々にはなさそうですので、御手紙申上げました次第です。意の足らないところはどうか御海容のほど御願致します。本日は要件のみ認

めました。御健勝のほど切に祈り上げます。　草々

一月二十四日

丸山　眞男

今村成和学兄

〔封書・速達〕札幌市北二七東三、北大官舎
今村成和様　御直披
東京都武蔵野市吉祥寺三一九
丸山眞男

＊今村成和　一九一三―一九九六。法学。一九三七年東京大学法学部卒。一九五〇年北海道大学講師、同教授を歴任。一九七五年学長。独占禁止法の最初の研究者で知られる。〔編集部〕

33　木下　順二　　一九五七（昭和三十二）年七月五日〔消印〕

お手紙をいたゞきながら、カンヅメがのびて大変失礼。こんどは全くまいった。予定したことの1/3も書けなかった(1)ので、はなはだ後味がわるく、ユウウツです。さてお申越の件、僕自身あの巻の「責任者(2)」といった自覚が全くなかったので、学兄の事情や悩みなどについて御手紙ではじめて知ってショックを受けました。僕一存では計らいかねますが、個人的には学兄のいわれたことは一々もっ

ともで、そんなに無理してあの巻のために執筆されることは、大げさにいえば日本文化のためにマイナスです。(岩波にはナイショ) むろんもし軽い気持で書かれるような条件がととのったならば、お願いできるに越したことはないけれど……。僕は十九日以後が都合がいゝが、また一寸カンヅメになる可能性があるので、折返したとえば何日の何時に南米（あるいはほかのどこでも）にいるから電話してくれという事を一言いってもらえると都合がいゝのです。お会いできるのを楽しみにしています。

〔葉書〕文京区駒込千駄木町五〇
木下順二様
ムサシノ市吉祥寺三一九
丸山眞男

(1) 「反動の概念——ひとつの思想史的接近」の執筆を指す（『丸山眞男集』第七巻）。
(2) 丸山は「反動の概念」を収録した『岩波講座現代思想　第五巻　反動の思想』（一九五七年七月、岩波書店）の編集の中心で、冒頭の「はしがき」も執筆している（『丸山眞男集』第七巻）。

34　木下順二　一九五八（昭和三十三）年一月一日

新年のおよろこびを申上げます

一九五八年一月一日

東京都武蔵野市吉祥寺三一九

〔本人加筆〕 丸山 眞男

〔本人加筆〕 腎臓が悪いということをきいて吃驚しています。呉々も御自愛を祈る。

〔年賀状・印刷〕 文京区駒込千駄木町五〇

木下順二様

東京都武蔵野市吉祥寺三一九

丸山眞男

35 安田 武*

一九五八（昭和三十三）年一月八日〔消印〕

新春のおよろこびを申上げます。

早々賀状ありがたく拝見致しました。

一九五八年正月

武蔵野市吉祥寺三一九

丸山眞男

〔年賀状〕北多摩郡下保谷二二三八
安田武様
武蔵野市吉祥寺三一一九
丸山眞男

＊安田武　一九二二―八六。一九四三年上智大学予科在学中に学徒出陣。復員後、編集生活を経て評論活動に入る。著書に『戦争体験』『学徒出陣』『芸と美の伝承』『定本戦争文学論』他。「わだつみ会」「思想の科学研究会」会員など。安田は、編集者時代から丸山先生に深く心をよせ、先生の御著作品と格闘してきた。試みに昭和三十二年刊行の岩波書店『現代日本の思想』第十一巻「日本の思想」をひもといて見ると、丁寧に傍線が引かれ、多くの書き込みが残されている。若き日の安田の猛勉強ぶりがしのばれる。（安田つたゑ）

36　松本三之介　一九五八（昭和三十三）年一月二十日

御無沙汰しましたが、御家族御一同お変りありませんか。私は十一月頃から人並に流感となり、その後普通の風邪がながびいて意気はなはだ上りませんでしたが、まあ何とかもっています。正月には例によって、「一族郎党」が家に集って乱痴気さわぎをしましたが、その顛末は特別参加された正子さんからおきゝ下さい。

さて、どうも要件の時しかお便りしなくて恐縮ですが、今日はN君のことについて至急御相談したいのでペンをとった次第です。というのは御承知のように、N君はこの三月で一応研究室（後期）の任期がきれますので、嫁入口を探さねばなりません。それでいつぞやお話のあった、大阪市大のポストの件は現在でもまだ見込があるかどうかという事を伺いたいのです。実は東京方面に一、二の可能性があるのですが、同君に真先に口をかけたのは市大であるということと、その折に、なお将来時機があったら、市大の方としては再考慮してもよいというようなことを学兄が言われたように記憶致しますので、まず市大の方の意向を個人的に伺って、可能性の程度を打診した上で、同君のためによいように取計いたいと思っております。なにしろ、去年池田君をとったすぐ後でもありますので、前にN君に話があった時とは事情がかなり変っていることと想像されますので、(i)果して続いて今年も政治関係の人をとる意向があるかどうか、(ii)もしある(むろん断定的な意味でなく)として、時期はいつごろになるか(こちらとしては勿論新学期からが望ましいのですが)というようなことについて、あなた個人の見透しなりお考えなりを率直に伺えたら幸甚に存じます。この手紙は全くプライヴェートな性格のもので、こちらの政治学関係の先生方の意向は考慮に入っておりませんので、その含みに御願します。ただし、漠然と、N君も三月に任期がきれるが、まだ丸山に以前にきいたところでは、行く先はきまっていないようだが、どうだろうという程度でしたら、そちらの適当な方に個人的に相談されて、意見を打診されても結構です。いずれにしても、そちらの大体の御意向と見透しを伺わないと、東京方面の話の方も具体的に進められませんので、御多忙中恐縮に存じますが、なるべく早く御返事を伺いたいと思います。御返事の方も今後積極的に貴学との間に話が進まぬかぎり、私限りにしておきます。

三月には御上京の予定がおありですか。もし帰京されるようでしたら、「一族郎党」と連絡して、研究会あるいはコンパをしたいと思います。

寒さいよいよ厳しい折柄、御自愛のほど切に祈り上げます。末筆ながら令夫人によろしくお伝え下さい。　草々

一月二十日

丸山　眞男

松本三之介様

〔封書・速達〕大阪市東住吉区西鷹合三ノ一　鷹合アパート三三〇号

松本三之介様

武蔵野市吉祥寺三一九

丸山眞男

37　今井清一*

一九五八（昭和三十三）年一月二十三日〔消印〕

拝復、正月にはお目にかゝれず残念でした。藤原大人(1)は学兄不参加に大いに失望した様子で、そのトバッチリがあちこちと発散されました。やはりヤンガー・ジェネレーションとの潤滑油として、学兄は欠くべからざる存在のようです。ところで妙な御相談ですが、モーツァルトの珍らしい曲の楽譜をかりたので、できればフィルムにとりたいと思います。原版がかなり大きいので可能かどうか一度

御相談したいのですが……。僕は今週は土曜の午前中から一時ごろまでなら在宅していますし、来週なら、月曜の晩でも結構です。もっとも別に急いでいるわけではないので、御都合のよい折で結構です。なお、二十四日の会は一応延期になりましたので、「大人の会」の打合せができなくなりましたが、僕は二月中旬―下旬なら大体いゝ筈です。

楊子さんによろしくお伝え下さい。

〔葉書〕横浜市港北区篠原町二三一二
今井清一様
ムサシノ、吉祥寺三一九
丸山眞男

＊今井清一　一九二四―。大戦末期に「国民主義理論の形成」に感銘。一九四七年東京大学法学部大学院学生に。ヘーゲル『歴史哲学』演習、原田熊雄『西園寺公と政局』編纂、日本ファシズム共同研究などで指導をうける。横浜市立大学文理学部で教員。（今井清一）

(1)　藤原弘達　一九二一―九九。丸山ゼミの同期生。

38　掛川トミ子　一九五八（昭和三十三）年一月二十三日〔消印〕

拝復、御返事が遅くなって失礼しました。L・Pコンサートの件、私もかねて考えており、昨年暮に研究室の若い人々と一度だけやりましたが、またそのうちにと思っています。ただ目下、『国家学会雑誌』に書評を書くことで追われていて、精神的（必ずしも時間的でなく）余裕がないので、それが一段落した二月上旬ではいかゞでしょうか。そのうちお打合せしたいと思います。末筆ですが、御心配の正月の「事件」は藤原君は帰ってすぐ、ベレー帽の裏に発見したそうですが、下平君の方は依然わかりません。

〔葉書〕新宿区拂方町三四　清水様方
掛川トミ子様
ムサシノ市吉祥寺三一九
丸山眞男

39　上原一郎*　一九五八（昭和三十三）年六月二十一日〔消印〕

拝復

六月三十日（月）三時半―六時
ということにして下さい。

今週火曜日に高圧写真を〔国立〕中野〔療養所〕でとりました。結果はまだ分りません。君もあまり無理をしないように。

ムサシノ、吉祥寺三一九

丸山　眞男

〔葉書・速達〕文京区真砂町29
上原一郎様
ムサシノ、吉祥寺、三一九
丸山眞男

＊上原一郎　一九三一年生まれ。一九五〇年一高卒業（最後の卒業生！）。東京大学法学部卒業後、鎌倉学園、私立城北高校、武蔵高校教諭。二〇〇一年三月十日、肝がんにより死亡。丸山とは中野療養所以来四十数年にわたる「療友」だった。上原一郎「療友としての丸山先生」（『丸山眞男集』第五巻・月報）を参照。（上原れい子様の資料提供により編集部で作成）

40　田口富久治＊

一九五九（昭和三十四）年五月六日〔消印〕

その後しばらくお目にかゝりませんが、御元気ですか。実は今日は国家学会のことで御願したいのです。学兄のベントレーの研究は最後の部分がまだ残っている筈ですが、これをいつ頃いたゞけるか、御予定を伺えれば幸甚に存じます。私の方としては、早ければ早い程、好都合で六月二十日ごろまでにできれば頂きたいのです。〔中略〕私なり芦部〔信喜〕助教授なりに御一報お願いします。取敢えず

〔葉書〕文京区蓬莱町四五　蓬莱館内
田口富久治様
文京区　東大法学部研究室内
丸山眞男

要件のみ。

＊田口富久治　一九三一―。一九五三年度の院・学部合同の丸山ゼミ「日本におけるナショナリズムとファシズム」に法学部助手として参加。「加藤高明」について報告。明治大学政経学部（一九年）、名古屋大学法学部（一九年）、立命館大学政策科学部（七年）勤務。〔田口富久治〕

41　木下順二　一九五九（昭和三十四）年六月十二日〔消印〕

先日は久しぶりで歓談できて甚だ愉快でした。まだ話し足りない気がする。なんとか強制的に時間をつくってもう少しひんぱんに会う方法はないかしら。

ところで心配をかけた君の著書は果して……何とも何とも申訳ありません。『ドラマの世界』(1)の方はいつの間にか（！）ちゃんと本棚におさまっており、『日本民話選』(2)に至っては、おどろくなかれ、彰（長男、中学一年生）がすでにカバーをかけて、マジックインキで日本民話選（木下順二）〔原文は本の表紙に横書きで文字の入った絵で示してある〕と書いて夢中で読んでいたという次第。つまりこのことは第一にわが家の郵便物整理の未組織性をバクロしたと同時に、第二に、オヤジが子供の生活と日常的に接触する機会がいかに少ないかを物語っているわけです。いくら詫びても仕方のないこと、結局僕が平素ににがにがしく思っている代々木またはその近辺に住む先生方のロジック——過去のあやまちに対して、坊主ザンゲによってでなく、将来の実践を通じて責任をとって行くのがわれわれの云々——を援用せざるをえないというみじめな結果になっちゃった。具体的にいうと、女房がフンキして帳面を一冊用意してそれに毎日配達された書名を書きこみ、著者からの寄贈本には○印をつけ、礼状を出した分には「スミ」と記入するという「一大改革」を断行することにしたのです。これが励行されているかどうかをためすには、貴兄の次の著書を懲りずに贈ってもらう以外にはない。何というまい方法か！

あれから「日本文学史」で熱海にカンヅメになり昨日帰って来ました。[3] 今日は未来社の松本〔昌次〕君に誘われて、ポーランド映画の「灰とダイヤモンド」試写を見て来たところです。ちょっと技巧が過ぎて引っかかるところはあるけれど、久しぶりに見ごたえがあった。レジスタンスの目標が見失われて、地下運動によって習性化した行動様式だけがやり場のない若いエネルギーの沸騰に結びついて行く悲劇——反革命のなかの革命性というディアレクティーク、そういった問題に正面から取組んだ映画はいわゆる「東」の世界ではいままでなかったように思います。もっと書きたいけれど、これから明日の講義の準備をしなければならないのでヤメます。西谷〔能雄〕氏のことでも近く御相談したいと思っています。最後にもう一度、ゴメンナサイ。

丸山 眞男

木下順二様

〔封書〕文京区駒込千駄木町五〇
木下順二様
丸山眞男

（1）『ドラマの世界』（一九五九年、中央公論社）。
（2）『日本民話選』（一九五八年、岩波少年文庫）。
（3）「近代日本の思想と文学——一つのケース・スタディとして」（『岩波講座 日本文学史』第十五巻所収）（『丸山眞男集』第八巻）。

42 木下 順二　一九五九（昭和三十四）年十月十八日

御手紙拝見。貴兄のとまどった気持はよく分ります。正直のところ小生もどうしてこういう事になったのか、我ながら不思議な感じがするからです。一応事の次第をのべると、ぶどうの会から日を指定してくれといって招待が来たので、女房と鳩首協議の末、十一月十四日（土）の夜という事にきめて返事を出したら、その直後に『婦人之友』から電話があったわけ。なぜ終りに近い日をとったかというと、十月一ぱい、おそらく十一月初めまで、チクマの思想史講座で連続カンヅメになるので[1]、その間に行けないこともないけれど、できればゆったりした気持で見たいと思ったからです。ところが、研究室で会議中に、『婦人之友』からといって電話がかかった。どうせ何か座談会か原稿のことだろうから、会うまでもなく断ろうと思って受話器をとると、意外にも山本〔安英〕・木下氏と芝居のすんだあとで話をしてくれといわれた(2)。つまり虚をつかれて咄嗟に引きうけたというのが正直の話で、数年間音沙汰ない松井さんからの依頼を電話一本で承諾したというので、まわりにいた人からは不思議がられるし、妙な気持でいるところへ貴兄の手紙が来たのです。咄嗟に引き受けた気持のなかには、やっとできた待望の――まさに貴兄から迷惑がられる意味で待望の――ドラマの完成を何としてでも祝わねばならぬということと、このところぶどうの会にも山本さんにもずいぶん御無沙汰していて相済まないという罪の意識（？）とがこんがらがって、どっとふき上げて来たとでもいうほかない、いわば本能的な義務感があった。だから貴兄の手紙を見て、あゝもっと慎重に、貴兄と打合せた上で返事すればよかったという気持を強く持っています。できれば、最初の僕の予定通り、ラクに近い日に観て、それから対談なりテイ談なりしたい（そうすればこの機会に貴兄のこれまでの作品も読みかえして話す材料もでて来る）と思いますが、もう『婦人之友』の方で準備万端整えたとすれば、延期は無理でしょうから、カンヅメ先から駆けつける事にします。僕はもっぱらきき役をつとめればよさそうですから、何とかごまかせるでしょう。

念のために、現在の隠れ家（or 現われ家）は駿台荘、電話（二九）一五五一です。

丸山　眞男

十月十八日

木下順二様

〔封書・速達〕文京区駒込千駄木町五〇
木下順二様
東大法学部研究室内
丸山眞男

(1)「忠誠と反逆」(『近代日本思想史講座8 自我と環境』一九六〇年二月(『丸山眞男集』第八巻)。
(2)「歴史の歯車のなかに――「東の国にて」を語る」(木下順二・丸山眞男・山本安英)(『丸山眞男座談』3)。

43 家永三郎　一九五九(昭和三十四)年十月三十日

十月三十日
丸山　眞男

家永三郎様

拝復、毎日学術奨励金のこと、ほとんど同時に学芸部の人から報らされました。結局今年も何の御役にも立たないで申訳なく存じます。詮衡過程は秘密ということで、あまり事情はきけませんでしたが、最後のごくわずかの候補の一つに上ったことは間違いないようです。結局どれもドロップさせることで落着いて、法学・政治学分野では該当者なしという事になった模様です。詮衡委員に全権があって、毎日は何も干渉しないことになっているからと弁明していました。（この程度のこともどうか内々にお願します。）ともかく残念至極ですが、この上は、岩波から一日も早く刊行されるよう[1]、私情でなく、同学の立場として切に希望します。

目下、筑摩の「忠誠と反逆」[2]で弱っています。謀反とか反逆とかの事実が少いだけでなく、それを正面から思想的に論じたものが、例の蘆花[3]とか、嶺雲[4]・臨風[5]などのほかあまり見当らないのです。もしお気付きの文献がありましたら是非御教示下さるようお願します。それと、学兄が抵抗権の思想についてこれまでお書きになった主要な論文と発表場所をもし電話ででもお報らせ下さったら有難いと思います。大抵一度は目を通しているつもりですが、いざとなると記憶が不確かな上、目下カンヅメ中で、自宅の書棚をしらべる暇がなかなかないからです。題名だけ分れば探させますので、甚だ御手数かけて恐縮ですが、お序での折、お願します。電話先は、新宿ととやホテル（37）五一一一番です。午前中と夜はたいてい宿におります。右取敢えず、御わびかたがた御願いまで。　草々

〔封書〕世田谷区世田谷二ノ一八九九
家永三郎様
ととやホテル内
丸山眞男

（1）『植木枝盛研究』（一九六〇年八月、岩波書店）。
（2）書簡42注（1）参照。
（3）徳富蘆花『謀反論』（一九一一）。

（4）田岡嶺雲『明治叛臣伝』（一九〇九）。
（5）笹川臨風　一八七〇―一九四九。

44　安光公太郎　一九六〇（昭和三十五）年一月一日

新年おめでとうございます

ひごろ御無沙汰のおわびを申上げ
あわせて皆様の御健勝をお祈り致します

一九六〇年一月一日

東京都武蔵野市吉祥寺三一九
丸山　眞男〔本人加筆〕

〔本人加筆〕リポート楽しみです。カタログを有難う御座いました。目下、ニコン一眼レフでエンジョイしていますので、八ミリはしばし延期というところです。そのうち御相談します。

〔年賀状・印刷〕世田谷区下代田一九七
安光公太郎様
東京都武蔵野市吉祥寺三一一九
丸山眞男

45 宮田光雄*

一九六〇（昭和三十五）年三月八日〔消印〕

再度の御手紙まことに恐縮致しました。いまさら弁解するのも気がひけますが、小生一月末から二月始にかけて流感にやられ、その後学年末のもっとも多忙な時期に入ったため、十分に休養がとれず、疲労が蓄積されたせいか、すこし肝臓の方にも異状を来したようで、気分がムカついてはなはだ意気上りません。それやこれやで山積した要返事の手紙の箱のなかに、学兄の御手紙も入ったまゝ、ズルズルになってしまったわけです。御心配をかけました点平に御容赦お願致します。

ところで東北大出講の件ですが、実はせっかくのお申出と、昨年の好意あるおもてなし、また図書館への魅力、などを考慮して何とかお引き受けする方向で時期を考えてみたにもかかわらず、残念ながら来年度は無理という結論に落着かざるをえませんでした。その第一の理由は、堀〔豊彦〕先生がこの三月で御退官になりますが、まだ後継者がきまらぬため、臨時のつなぎとしてではありますが、来年度の政治学の講義をもあわせて担当することになったからです。(1) そのいきさつはべつにお話する必要もありませんが、私にとっては全く予期しなかったユーウツきわまりない出来事ですが、どうにも他に方法がなくなって、来年度かぎりという厳重な条件をつけて引受けました。そのため東洋政治思想史の講義とゼミを夏学期にくりあげ、夏休をつぶして準備して、冬学期に政治学をやるというスケヂュールになります。仙台に行くとすれば、七月はじめか、九月しかないと思いますが、七月はじめには、もう一つの妨害的条件として南原先生論文集の下巻締切[2]に当っていますので、おそらくテンヤワンヤだろうと予測されます。十日間ぐらいの「物理的」な時間はとれないことはないとは思いますが、以上の様な負担と私の健康条件とを考えますと、どうしてもハッキリ何日から何日までと御約束できる自信がないのです。さんざ返事を引のばしておいて今更らと、お怒りになるかもしれませんが、私の主観的な気持としては、アッサリお断りするに忍びず、何とかやりくりする方法はないかと考えたことが、はじめにのべましたような事情と相俟って、今日まで確定的な御返事を申し上げられなかったわけです。どうか右の次第を、世良〔晃志郎〕君、折茂〔豊〕君そのほか御関係の方々にお伝え下さって、よろしく御諒承をたまわりたく伏してお願申し上げます。来年度にはハーバードとスタンフォードから招かれましたが、同じ理由で断りました。だから東北もというわけでは決してありませんが、来年度のスケヂュールの私にとっての「重圧」を御諒解いただくために、こんな「私事」もお話した次第です。

　しかし仙台の魅力は依然として私のなかにくすぶっていますので、甚だ虫のいゝ考えながら、夏休の勉強を東北のどこかの温泉でもすることにして、その間に大学の方に折を見て顔を出そうかなどと思ってみたりしています。しかし、これも普通行く信州の宿との関係もありますし、まだ確定的なプランになっていません。

三月という月はお互教師にとって実にイヤな月ですね。昔ですと、入試委員になると一時期ちょっと大変ですが、それも三月半ば以後はフライになって、一ヶ月近く春休があったのですが、あわれ大学院ができてからは、やれ修士入学試験、やれ博士論文審査と連日のように、日程がつまって、文字通り二十五日すぎまで解放されません。あるいは東北はこの点いくらか楽かもしれませんが……。

御上京の機会はありませんか。その折には是非お目にかゝってよもやまの話を交したいと思います。どうか世良君はじめ皆々様に重ねてよろしくお伝え下さるようお願します。御健勝をお祈り致します。　草々

丸山　眞男

宮田光雄様

〔封書・速達〕仙台市北五番町一六三
宮田光雄様
武蔵野市吉祥寺三一九
丸山眞男

＊　宮田光雄　一九二八―。東北大学名誉教授。一九五〇年度の東大授業聴講。五六年まで大学院特別研究生として法学部研究室に残り、研究会その他で指導を受ける。先生を座長とする『岩波講座　現代思想V』に参加。丸山ゼミ出ではないが、南原＝丸山学派の一角に位置。（宮田光雄）

（1）　丸山は一九六〇年度冬学期の政治学講義を堀豊彦教授退官後の代講として担当した。

(2) 「近代日本における思想史的方法の形成」(『丸山眞男集』第九巻) を収録した『政治思想における西欧と日本(下) 南原繁先生古稀記念』(一九六一年十一月、東京大学出版会)。

46 宮田 光雄　一九六〇(昭和三十五)年八月二十八日〔消印〕

御無沙汰しました。御出立を前にひかえて御多忙のことと存じます。筆無精の私がいうと虫のいゝことになりますが、どうかあちらからも時折、御様子をお便り下さい。長旅御多幸を心から祈り上げます。

この夏は六月事件[(1)](?)のあおりで何となく雑用がたまり、結局東京を離れられないまゝに終ろうとしています。正直のところ、貴兄の旅立ちがうらやましい気持です。取敢えず一筆まで。くれぐれも御元気で。

〔葉書〕仙台市北五番町一六三
宮田光雄様
東京都武蔵野市吉祥寺三一九
丸山眞男

(1) 一九六〇年五—六月の日米新安保条約改定反対闘争。

47　安光公太郎　一九六〇（昭和三十五）年十二月二十六日〔消印〕

御たより拝見して心がしめつけられる思いがします。

御霊前にお花なりとと思いながら、あわただしい毎日に追われて果せないでおります。夏から秋にかけて坐骨神経痛に苦しめられ、どうにかよくなった途端に、学部の政治学の講義(1)というやっかいな仕事を負わされ、文字通り学生の試験勉強の連続のような余裕のない生活のままに今年も暮になりました。来年には貴兄の胸の中にも春の日ざしがさしかけますようにお祈り致します。

〔葉書〕都内世田谷区下代田町一九七
安光公太郎様
武蔵野市吉祥寺三一九
丸山眞男

（1）書簡45注（1）参照。

48　安東仁兵衛＊　一九六一（昭和三十六）年一月一日

新年おめでとうございます

皆様の御健勝をお祈り申し上げます

一九六一年元旦

〔本人加筆〕　旧蠟にはあまりお役に立たず失礼。君の天分である向日性をどんな環境にも発揮して頑張って下さい。

〔年賀状・印刷〕世田谷区下北沢一ノ三二〇　東経堂団地一〇ノ四〇二
安東仁兵衛様
武蔵野市吉祥寺三一九
丸山眞男

＊　安東仁兵衛　一九二七—九八。東京生まれ。開成中学校から旧制水戸高校に入り、一九四八年日本共産党に入党。同年東京大学法学部に入り、東大細胞として活動、自治会中央委員会副議長としてレッドパージ反対闘争の先頭に立ち、五〇年退学処分。六一年、構造改革派とともに脱党、統一社会主義同盟全国委員。六四年より第二次『現代の理論』編集長（八九年休刊）。水戸高校の恩師梅本克己・佐藤昇・丸山の三人で座談会「現代日本の革新思想」を編む（『丸山眞男座談』6）。「梅本克己と丸山眞男を師として」（『朝日新聞』一九九八年四月十四日号夕刊「自分と出会う」）。著書『戦後日本共産党私記』（文春文庫版）『安東仁兵衛対談集　われらが青春』。（編集部）

49　都留重人*　一九六一（昭和三十六）年七月十九日

御手紙なつかしく拝見しました。御噂は時折り、吉野〔源三郎〕[1]さんなどから伺っていましたが、ずっと御元気の様子でなによりです。それにしても、出不精の私がやっと腰をあげる決心をしたのに、あれほど悠々（？）と在外生活をエンジョイされていた大兄とスレちがいとはまったく残念の至りです。

ハーバードからの話は一九五八年にあったのですが、学内の用事のため行けませんでした。そのうちに去年の安保のクライマックスがあって、心身ともにヘトヘトになり、ともかくrelaxしたいという気持から、重ねての話に応じることになったわけです。講義その他一切の義務がなく、自分の勉強をしていればいゝという条件を額面通り受け取って、それで押し通すつもりです。なまじ国際政治の問題なんかに口を出すと、日本脱出の意味がなくなりますので、思想史の勉強に専念します。お序での折、その旨をあちこちに「宣伝」しておいて下さい。また「国士」になるのはまっぴら御免です。

ところで、台所道具の件、まったく有難い話で女房と共に感涙にむせびました。なにしろ、出発までに大きな原稿を二つも書き上げねばならぬので、肝心の渡航準備は手がつかず、やっと先日トランクだけ買ったような始末で、この調子ではいかなる赤毛布ぶりを発揮するか、われながら見当がつきません。堀米君[2]とかハーバード生活経験者に話をきいて予備知識をたくわえて行きたいと思っても、その暇さえ全然ないという状況です。ケンブリッジには御存知と思いますが、有馬龍夫君[3]がいて、万事彼の世話になるつもりでしたが、聞けば最近胸を悪くしたようで、ますます心細い思いです。御気付の事、何なりと御教示下さったら有難く存じます。宿は Center for Middle Eastern Studies の Miss Maria von Sering が探してくれる事になっていますが、今日迄のところまだ定まっていません。

目下、東京には中国史と日本史（主に思想史）専攻のベンジャミン・シュヴァルツ[4]〔シュウォーツ〕教授や、若いロバート・ベラー[5]君がいて、愉快にいろいろなディスカッションをしています。まあこういう人達や〔J・K・〕フェアバンク教授[6]などに色々お世話になるのだろうと思います。肝心の旅程を書くのを忘れましたが、実は、九月末ぎりぎりに当地を発って、ケンブリッジに直行するという以外にはきめていません。子供は家において、妻だけ同伴します。いづれまたお便りします。取敢えず御礼まで。

七月十九日

丸山 眞男

都留重人様

〔航空書簡〕PROFESSOR SHIGETO TSURU
27 GRAY ST. CAMBRIDGE 38, Mass. U. S. A.
M. Maruyama
319, Kichijoji, Musashino, Tokyo, Japan

＊　都留重人　私は、戦後の片山内閣で経済安定本部の次官をしていたが、十ヶ月ほど勤めたあと一九四八年の春退

官し、その年の秋から東京商科大学（現在の一橋大学）経済研究所の教授となった。時期的にはちょうどそのころ、ユネスコ発表の「八社会科学者の声明」に刺激されて「平和問題談話会」（略称「平談会」）が組織されたが、そこでの討議をまとめる半ば事務局的役割をつとめたのが、清水幾太郎と丸山眞男と私の三人であった。私が丸山君と親しくなったのは、この時以来である。この平談会では、ユネスコ憲章の前文にある「戦争は人の心から起こる。ゆえに平和の砦は人の心の上に築かれればならぬ」という精神論を、社会科学の立場から批判する内容の声明文を起草して、一九四九年二月に「戦争と平和に関する日本の科学者の声明」と題して発表し、以後、対日講和や安保改定に関しての討議および声明を十年以上も続けた。平談会での御縁もあって、国際文化会館の松本重治理事長が米国ダートマス・カレジのディッキー学長と相談で、一九六二年の秋「日本民間人会議」を企画されたときも、私は丸山君の参加を要請したが、本書簡集所収の一文に書かれているように〔一九六二年五月二十五日付書簡、参照〕、理由をあげて「まっぴら御容赦を」と書いてこられたのだった。丸山君はあまり度々外国には行かれなかったようだが、ハーヴァード大学へ行かれたのは、同大学の名誉学位を授与されるのが主な目的だった。ハ大学創立以来三五〇年の間に日本人が名誉学位受賞者になったのは三人だけで、その第一号が宗教学者・姉崎嘲風氏。同氏は一九一三年から二年間ハ大で日本文明講座を担当された功による、と私は思う。第二号が丸山君で、日本政治思想史の研究において、経済決定論では割り切れぬ政治の動態分析が高く評価されたのだった。夫人とご一緒にケンブリッジに滞在されたときのために、わが家で使っていた台所道具の利用をおすすめしたことが感謝されているが、特にその中には、戦後東芝の社長だった石坂泰三氏が同社で商品化された電気炊飯器第一号が含まれていて、丸山君に続いて何人かの留学一家の方々に喜ばれた。丸山君とは、福沢諭吉の「脱亜論」をめぐって論争するなど、日本学士院で話し合う機会も多かったが、私より二年の若さでありながら一九九六年に長逝されたことは、心から惜しまれてならない。（都留重人）

（1）　吉野源三郎　一八九九―一九八一。ジャーナリスト。東京生まれ。東京大学文学部哲学科卒業。一九三五年「日本少国民文庫」編集主任となり、自らも『君たちはどう生きるか』を著す。三七年岩波書店に入り、岩波新書の創刊に携わる。四六年『世界』編集長（―六五年）、平和問題談話会などの設立に尽力した。

（2）堀米庸三　一九一三—七五。第一高等学校、東大を通じての丸山の同級生。ヨーロッパ中世史。五六—七三年東大教授。著書『正統と異端』（中公新書）は、丸山・藤田省三・石田雄が中心となった同名の研究会の影響下に書かれた。
（3）有馬龍夫　ハーバード大学卒業。のち外務省に入りドイツ大使など歴任。内閣外政審議室長。「丸山先生とハーバード」（『丸山眞男集』第十三巻・月報）参照。
（4）ベンジャミン・シュウォーツ（Benjamin I. Schwarz）　ハーバード大学名誉教授。著書『中国の近代化と知識人——厳復と東洋』（一九八〇年、東京大学出版会）。二人の関係はシュウォーツ「丸山眞男追悼」（『丸山眞男の世界』一九九七年、みすず書房）に詳しい。
（5）ロバート・ベラー（Robert N. Bellah）　一九二七—。カリフォルニア大学バークレー校。「ベラー『徳川時代の宗教』について」（『丸山眞男集』第七巻）。またベラー「学者丸山眞男と友人丸山眞男」（『丸山眞男の世界』）も参照。
（6）J・K・フェアバンク（John King Fairbank）　一九〇七—九一。アメリカの中国研究者。一九五五—七三年ハーバード大学東アジア研究センター所長。著書『中国回想録』他多数。

50　世良晃志郎＊　一九六一（昭和三十六）年十一月二十二日

世良晃志郎様

御無沙汰しておりますが、御元気のことと存じます。先般、私の研究室で留守を預ってくれている植手通有《ウエデミチアリ》君からの通信で、貴兄から来年度講義依頼の件を知りました。私の渡米をお知らせしなかったために、御迷惑をおかけした事を深くおわびします。事のついでに私事を申し上げますと、ハーバードから講義其他一切の義務を負わないから一年間客員教授としてきてくれという依頼を受けたのは、一九五八年でしたが、五九年も六〇年も私は東大の都合でよそに出られなかったので、今日まで延期して来たような次第で、やっとこの十月[1]にあまりにも多忙な日本から「脱出」する機会を得たわけです。ここでは別に Yenchin Institute とも Department of Government〔政治学部〕とも関係がなく、各学部の思想史に興味と関心のある教授たちと自由に接触しています。来年六月までの予定で、それから先はまだ確定していませんが、オックスフォードとロンドン大学に寄って来年末までに帰国の予定です。

来年度の東北大学での講義はしたがって不可能ですが、前にお目にかかった折にお話しましたように、狩野文庫[2]は非常な魅力ですし、東北の静かな雰囲気も好きですので、近い機会には是非御要望に副いたいと思っております。それにつけましても、日本の政治史乃至政治思想史の専攻者を貴学部で採って下さる事を希望して止みません。実際アメリカやイギリスでの日本の近代史あるいは現代史研究の勃興ぶりは目覚しいもので、日本の国立大学で日本やアジア関係の講座が法経学部に殆んどないのは実に奇妙なコントラストとして映ります。貴兄ならこういう状況について理解いただけると思いますので、今後の課題としてお考え下さったならば幸甚に存じます。

現在若い研究者でどういう人が何をしているかというような事で御照会があれば、よろこんで出来るだけフェアなインフォーメーションを差し上げます。とりあえず、おわびまで。御健勝をお祈り致します。同僚諸兄によろしくお伝え下さい。

十一月二十二日

丸山 眞男

〔航空書簡〕PROFESSOR K. SERA
TOHOKU UNIVERSITY SENDAI, MIYAGI PREFECTURE JAPAN
仙台市　東北大学法学部研究室内
世良晃志郎様

MASAO MARUYAMA
Suite 517, Ambassador Hotel 1737,
Cambridge Street, Cambridge, Mass., U. S. A.

* 世良晃志郎　一九一七年生まれ。一九四〇年、東京大学法学部卒業、同助手。先輩の丸山眞男氏と同じ研究室に入る。休職し海軍勤務。一九四五年、海軍主計少佐、助手に復職。一九四八年、東北大学助教授。同教授（西洋法制史）、同附属図書館長、同法学部長を経て、一九七九―八五年、宇都宮大学学長。一九八二―八八年、法制史学会代表理事。一九八九年没。丸山眞男氏の人・学問を学生時代から終始敬愛していた。「歴史のディレンマ――マルクス、ウェーバー、ポパーをめぐって」と題する対談がある（『丸山眞男座談』8）。（世良美枝子）

（1） Yenchin Institute　ハーバード・燕京・インスティチュート。ハーバード大学附属の、中国中心の東洋文化研究と教育および文献収集を行なう施設。

（2） 狩野文庫　狩野亨吉（一八六五―一九四二）の収集した古書典籍は、東北大学図書館に収蔵されている。狩野は数学者また百科全書的マテリアリストとして知られ、一高校長、京大総長など歴任、文部省と衝突、辞任、晩年は鑑定・検証を職とし、町の学者で通した。『狩野亨吉遺文集』。

51 福田歓一* 一九六一〔昭和三十六〕年十一月二十四日〔消印〕

御無沙汰しました。貴兄には南原論文集のこと、H・M君のこと、Y・M君のこと等々懸案をみんなお預けした形で来てしまい、何とも恐縮の至りです。とくに後味が悪いのはいうまでもなく南原論文集で、ちょうど向うの岸壁まで数メートルの距離しかないのに、その間の橋をかける時間的余裕がなかったようなもので、われながら愛想がつきました。しかし今更ら弁解はやめます。

こちらの様子は断片的ながら岡〔義武〕先生、辻〔清明〕君、斎藤〔眞〕君にお伝えしましたので、ともかく体だけは元気なことはお知りいただけたと思います。いろんな学部の教授との会食と、あちこちのアメリカの大学から来る手紙への返事（大抵来て話をしてくれというのに対する断り状です）に何となく毎日がつぶれます。エンチン〔燕京〕とか政治学部とか特定の所属がないことはきわめて自由にプランをたてられる点で有難いのですが、とくに最初の段階では、横に思想史に関心を持つ教授と広く引き合せられるのでなか〳〵大変です。それでも教授との話は一番楽で、自動車の運転手とか商人とかとの日常会話がもっとも苦が手、この方はヒヤリングも会話も一向進歩しません。静かな環境で女房の作った日本料理をたべて、窓外の古風な建物をながめていると一向アメリカへ来たという実感が湧いて来ないので、その意味ではやはり一人で来て学生の間に交らないとダメです。

いままで話したなかで面白かったのは Louis Hartz, Morton White（哲学）、McCloskey（憲法、アメリカ政治思想史）、Lakoff（若い助教授で、政治思想史のもっとも嘱望される一人。ただし現在はアメリカの政治制度論のような講義をやらされて、思想史はフリートリヒのような「大家」が受持っている)、Stuart Hughes (史学畑の思想史で、最近核兵器の問題で"I'd rather be red than dead"というコトバを、どこか外でやった講演のなかで言って、そこだけ『ニューヨーク・タイムズ』に載ったため若干物議をかもした人)といった人たちです。コロンビアではモーレー教授の自宅に招かれた折に、D・トルーマンにも会いましたが、彼はもちろん面白いけれども、やはり大文字で書いたP・S(政治学以外に関心のない人をハーバードではこういうらしい)に属する人という感じがしました。

学生と起居を共にするチューターやティチングフェロウに非常にハリ切った有能な連中がいるのは何といってもハーバードの強みです。東大や京大の法学関係の助教授はここへ来ていきなりロウ・スクールの講義をきき、法の社会的基盤とか、歴史的背景とか、イデオロギー的連関などには目もくれないでケースだけに集中するやり方に感心する人が少くないのですが、それはundergraduateの教育が講義だけでよく、寮生活を通じて徹底的にliberal educationが重視されているという楯の半面を往々にして看過する結果になりがちです。

ロウ・スクールといえば、ニューヨークでシグマンド・ノイマン[1]教授のアパートに招かれた時のことです。屋上から眺めるとすぐそばにコロンビアのロウ・スクールの建物があります。これは最近できたばかりの一きわ近代的な建築なのでコロンビアの人達が自慢するのですが、ノイマンはその建物を指さしながら、顔をしかめて「悪趣味だ、内部はもっとひどい」といったのには思わず笑いました。彼のヨーロッパ的伝統趣味がこういうところにも出ていたからです。

ニューヨークの日本研究の集りに行ったのは、あるいは岡ジュニア〔義達〕に会えるかと思ったのも理由の一つなのですが、彼はミシガンからというより、ミシガンの自宅から殆ど外に出ない様子で、かえって久保田さんなど外部の人がお金のことなど心配している有様。僕の悪いところに似て万事に無精なのはちょっと予想以上です。M君どうなりましたか。そのうちまたお便りします。奥さんによろしく。

〔航空書簡〕PROF. K. FUKUDA
TOKYO, JAPAN
東京都豊島区西巣鴨三ノ六六〇　公務員宿舎RA22
福田歓一様
MASAO MARUYAMA
Suite 517, Ambassador Hotel, 1737,
Cambridge St., Cambridge Mass., U.S.A.

＊福田歓一　一九四三年東京大学法学部入学、復員後丸山先生の講義を聴き、四七年卒業、南原繁教授の許で政治学史専攻、五一年丸山先生の教授昇任後助教授、先生の弟子かつ最も専攻の近い同僚となる。先生辞職後も交流はつづいた。（福田歓一）

(1)　シグマント・ノイマン　一九〇四―六二。ライプツィヒ生まれ。一九二六年ライプツィヒ大学教授、三三―三四年、英王立国際研究所のロックフェラー研究員となる。三四年渡米、ウェズレイアン大学政治学教授（四〇年米に帰化）。著書『大衆国家と独裁』は、丸山の推薦で岩永健吉郎氏ほかにより邦訳された（みすず書房）。六一年丸山渡米のさい、夫人ともども自宅を訪問、歓談している。

52　家永 三郎　一九六一（昭和三十六）年十二月〔日不明〕

The Season's Greetings
and every good wish for the coming year〔印刷〕

出発前は御多忙中のところおいでいただいた上に、御餞別までいただき本当に恐縮しました。それにもかかわらず、今日まで御無沙汰しました非礼をお許し下さい。まだ正直のところ御挨拶すべきところが多くて、どこからお便り差上げたがよいかとまどっている状態です。

こちらは最初予想したほどには適応困難を感じておりません。ケンブリッジ〔マサチューセッツ州〕は街路も建物もおよそクラシックな感じで、日中でもほとんど物音が聞こえず、大学構内は自転車通行も禁止、街の横断はすべて歩行者絶対優先で信号はもっぱら車にだけ通用します。にぎやかな四つ辻には赤信号のかわりに"Don't Walk"という表示が点《つ》きますが、これも細かくいうと、「自分の危険において歩け。この信号のついているときに歩いて車にとばされても、そうでない場合ほどには損害賠償はとれないぞ」という警告であって、禁止命令ではありません。ある日本人が「ドントウォーク」という掲示を見て走って横断したという笑えない笑い話があります。こういう環境で、ものゝ五分とかからないアパートと研究室の間を往復し、食堂で教授や若い研究者とダベり、家へ帰って女房のつくった日本料理を毎日たべているのでは、どうみても、「アメリカン・ライフ」のなかに入っているとはいえないので、今後は何とかもう少し「ヴ・ナロード」の生活を心がけたいと思っています。こんな調子ですから日常会話は全然上達しません。井上〔光貞〕氏夫妻も元気ですが、あちらは旦那さんは講義負担があり、奥さんは子供さんの事があるので、なかなか大変だと思います。私は政治学部にもエンチン〔燕京〕研究所にも属さないので、自由な反面に、右にのべたように浮きあがってしまう面もあるわけです。

先日津田〔左右吉〕先生の訃報を知って感慨無量です。(1)それだけに学兄にもお智恵をかりた津田思想史の方法論の問題を、時間切れのために南原論文集(2)で全く触れられなかったのが残念です。あの続きは何とかまとめたいと思っております。こちらでは貴兄もお会いした〔ロバート・〕ベラー君〔宗教社会学の助教授〕が、来年一月のバミューダの会議(3)で家永史学をテーマにして報告するそうで、どんな報告になるか楽しみです。

ハーバードの中の雰囲気は、はなはだのんびりしていて、その限りでリベラルであり、例の限定戦争論で有名なキッシンジャーなどに対しても、政治学部でさえも私の会った教授の多くは全く批判的でした。例の防空壕談義などは、食卓での笑い話になる程度です。しかしアメリカ全体として見ると、右翼の大衆的浸透は侮り難いものがあり、例のジョン・バーチ・ソサィエティ〔極右団体〕なども地域や職場に細胞や大衆組織をつくって行くやり方において、過去のマッカーシーのような一人のスタンドプレーとちがって決して楽観を許しません。軍人が公然と右翼関係の講演会に出てアジったり、自由主義こそ赤の温床だというような論理が出て来たり、他方で左翼は話にならないほど微弱で、まさにその故に右から「左」までに共通した恰好のスケープゴーツとされたり、アイク〔アイゼンハワー〕がジョン・バーチを正面きって攻撃したというのであっぱれ「自由主義者」として喝采されたり、どうも僕にはすべてが、三〇年代の中期の日本に何となく似ているように見えてなりません。しかしなにしろ広い国ですから、そういう傾向――マスコミを通じて見たアメリカ――だけから判断できないいろいろ矛盾した側面があり、それが面白いところだと思います。学生 undergraduate はしごく無邪気ですが、大学院ともなると急激に批判力がつき、また実にエネルギッシュに勉強をし、しかも日本のような子飼いシステムでなくてオープンな競争が学問の世界でも顕著な点はやはり学ぶべきところでしょう。ではまた。

〔クリスマスカード〕都内練馬区東大泉三ノ三八ノ七
家永三郎様
（ハーバード）丸山眞男

（1）「ある日の津田博士と私」（『丸山眞男集』第九巻）。
（2）書簡45の注（2）参照。
（3）一九六二年一月にバミューダ島で開かれた全米アジア学会特別プロジェクト近代日本研究会議主催の「近代化に対する日本人の態度の変遷」をテーマとする会議。丸山は報告書《ペーパー》「近代日本におけるユートピアと模範国《モデルステート》」を提出した。

53　福田歓一　一九六二（昭和三十七）年二月二日〔消印〕

只今、バミューダから帰ったところで御手紙拝見しました。飛行機の予約の関係で一日早く出発したために、ほとんど入れちがいに貴兄のお便りが到着したようなわけで、御返事が遅れた次第、悪しからず御諒承下さい。先に要件から片附けます。

イ、円藤氏の博士論文の件、小生の錯覚でもう御返事したものと思っていました。東京を発つ直前に色々用件をまとめて貴兄と御相談した際に、貴兄から「もうとても十分見るひまがないだろうが、大体パッサブルということにして、丸山の審査もあったものとして適当に処理したらどうか」といわれて、「甚だ申訳ないが、そのように適当にはからっていただきたい」と御返事した一幕もあったように思いこんでいたのですが、これが全然、架空だとすると、右のような話をつけてから出発しなければ、という気がゝりな気持がつゞいていたために、いつのまにかそれが話ずみの事柄のように思いこんでしまったにちがいありません（!）御迷惑をおかけした点、平に御容赦願います。岡〔義武〕先生の御意見のように取計って下さい。私も目を通したことは事実ですから。

ロ、来年度授業担任の件は、岡先生に詳しく御相談するつもりでいますが、私の内意だけを一応貴兄にお伝えします。野田〔良之〕君のように九ヶ月ものびるという事はまずありませんが、冬学期の講義はちょっと無理になりました。というのは例のオックスフォードのセント・アントニーズ・カレッジ[1]からの招聘の件（これは出発前に一寸お話してあったと思います）が最近〔リチャード・〕ストーリー氏⁽²⁾からの手紙では、「十月半ば頃に来て、できれば二学期（御承知のように一学期が八週間なので、三月初め頃まで）滞在してほしい」、といって来ました。私はすぐ「学部の都合もあるから、二学期はむつかしいかも知れない。一学期、つまり今年の終りまでなら、せいぜい当初の丸一年の期間が二ヶ月ちょっと延びるだけだから可能だろう」と返事したわけです。今年中に帰っても、来年一月に集中講義をしてできない事もありませんが、やはり正直にいってつらい感じがします。岡先生は私の出発前には、「一応講義はやることにしておいて、いざとなれば今度は前にお前が病気した時とちがって、研究室関係で——ということはむろん東大政治学研究会の範囲でという意味です——講義をたのめるだろうから、そんなに心配しなくてもいゝ」とたいへん有難い個人的意見を洩らされました。ストーリー氏もまだファンドの点で確定していないからインフォーマルな段階と了解してくれ、との意向のようですので、もう少しスケヂュールがはっきりしてから改めて御連絡しますが、ともかく貴兄には右の程度のことを含んでおいていたゞきたいと思います。重々恐縮ですが、いずれにしてもズルズルと来学年にまでのびるというようなことは絶対にしません。

ハ、H・M君のこと色々御配慮感謝に堪えません。彼とは出発前に将来のことも懇談しましたが、経済的には当分心配なく、その点で少くもU君やY・M君とは事情がちがう事がわかりました。長い間婚約中の人と最近結婚したのも、そういう見通しの上に立ってのことです。もちろん職は職で結局どこかを探さねばならず私も貴兄と御相談のうえ、当ってみるつもりですが、切迫した事情はありませんから、その限りでは御放念下さい。（以上要件）

一昨日東大出版会から祝賀論文集の決算報告と先生の御写真をいたゞきました。まったく貴兄には感謝の言葉がありません。先便の「石井君云々」は何のことか見当がつきませんが、いろいろ不愉快な思いもされたでしょう。が、ともかくここまで漕ぎつけたことは何といっても大安心で、貴兄もどんなにか肩の荷が下りた事と存じます。私は津田〔左右吉〕先生が亡くなられたので、一層論文を中絶させた後味の悪さをかみしめていますが、私個人の感じとは別に、誰に見せても恥しくない内容の論文集を御元気な先生に捧げられたことは、どんなに乾杯を重ねても重ねすぎる事のないほど喜ばしいイヴェントです。

バミューダの疲れがまだとれませんので、はなはだ乱筆乱文の手紙になりました。なにしろ、午前と夜と一日二回の会議が五日間ブッ続けにあり、しかも今年は十五、六も提出されたペーパーが量に関する限りおそろしく力作なので、せっかくの午後の時間はそれをよむのにつぶれてしまい、ゆっくり観光する時間もありません。（そういうリクリエーションの意味でなら岡先生はこられなくてよかったと思います）、それでも二度ほどビーチで泳ぎましたが、おどろいた事に、コロンビアのモーレーはじめ他の連中もペーパーを砂浜にもって来て、海から上ると読んでいます。アメリカ学者の「働き主義」にあらためて感心し、また呆れました。〔ロナルド・〕ドア君やクロカウ君[3]（キャンベラ）など英国系の人がノンビリと午後をテニスやサイクリングでエンジョイしていたのは、面白い対照でした。ではまた。

〔航空書簡〕Prof. K. Fukuda
Tokyo, Japan
東京都豊島区西巣鴨三ノ六六〇　公務員宿舎ＲＡ22

福田歓一様

MASAO MARUYAMA
Suite 517, Ambassador Hotel
Cambridge St., Cambridge, Mass. U.S.A.

（1） オックスフォード大学に一九五〇年創設。国際的性格をもった大学院カレッジ。西欧、東欧、ロシア、アフリカ、ラテン・アメリカ、極東（Far East Studies）などの地域研究センターに分れる。

（2） リチャード・ストーリー（Richard Storry） 一九一三—八二。日本近代史。セント・アントニーズ・カレッジ日本史教授、極東研究センター所長。妻ドロシーの書いた「オックスフォードよりの楽しき回想」（『丸山眞男集』第十一巻・月報）『四〇年に及ぶ親交』（『丸山眞男の世界』）がある。

（3） ロナルド・ドーア（Ronald Dore） 一九二五—。ロンドン大学名誉教授。著書『都市の日本人』『学歴社会』『イギリスの工場・日本の工場』他多数。「丸山さんとの四五年」（『丸山眞男集』第一巻・月報）「丸山眞男さんのこと」（『丸山眞男の世界』）を参照。

54 岡　義武

一九六二（昭和三十七）年二月二十日

岡義武先生

一月十二日付の御手紙をたいへんうれしく拝見致しました。その間バミューダの会議がはさまったとはいうものゝ、一ヶ月以上も御無沙汰してしまい、まことに申訳なく存じます。〔岡〕義達君の

「緊急問題」のケリが一応つくと、たちまちタガがゆるんで、本来の筆無精に戻るのだから困ったものです。それはともかく、このところ法学部は、毎週土曜に臨時教授会を開いてまで、博士論文を処理している旨を、福田〔歓一〕君や小松春雄君から伺い、本来悠々の境地を楽しまれる「資格」のある先生もどんなにか御多忙のこととお察し申上げます。大変な時に学部を留守にしましたことをスタッフの方々に相済まなく思いますと同時に、正直のところ助かったという感じも強く、はなはだ複雑な気持です。

バミューダの会議のことは、さきに福田君への返信にもちょっと触れておきましたが、もし先生がこの機会にいくらかでもながく御滞在できたのなら格別、主として会議のためということでしたら、率直に言って、おいでにならなくてよかったと思います。というのは会議の内容の充実度というようなことよりも――その点では、どうせ会議の実質や収穫などというものはたかが知れており、そういう前提でならば私には結構面白かったのですが――ほとんどrecreationの余裕がなかったことです。提出されているペーパーだけで二〇近くもあり、それが少くも量的には力作ぞろいです。(私は例によって先方に着いてから大急ぎでホテルのタイピストにたのんで、ミミオグラフをつくってもらい、一番うすいペーパーを出しました。)会議は午前中十時〜十二時と、夜の八時半〜十一時と一日二回あり、午後はフライですが、一つのペーパーに二人ずつcommentを割当てられるので、その晩のペーパーを夜までに読んでおかねばなりません。おまけに夕方は毎日カクテル・パーティで、それが終ると食事、会議とつゞきますから、ますますもって、午後もゆっくり遊んでいられません。アメリカの学者連中のエネルギーにはまったく参ります。サイクリングに行くときも、ビーチに泳ぎにゆく時もペーパーを携行し、渚では泳いで上って来て甲羅をほしながら読んでいるというすさまじさはまったく働き蜂を思わせます。さすがに最後の五日目ともなると、みんなかなりウンザリしたような顔をして報告をきいていました。会議のあと一両日残ってエンジョイして帰った連中もありますが、私達は飛行機の予約をするのが遅れたので、会議の済んだ日の午後（土曜）しか切符がなく、そうでないと月曜までブラブラすることになり、なにしろホテル代が一日三二ドル（むろん食事別）というベラボーな値段なために、早々に引揚げて来てしまったような次第です。しかしバミューダはホノル、とちょっと似ていながら、建物の色などもホノル、のように強烈な原色でなく、人気も観光地としては、どこかイギリス風にのんびりしていて、わたしにはホノル、よりもはるかによい印象を受けました。かなり大西洋の真中に近いのですが、ボストンから Jet の直行でわずかに一時間四〇分です。

〔マリウス・〕ジャンセン氏(1)には先生の御意向をよく伝えておきました。御不参を残念がってはおりましたが、気を悪くしたようなふうには毛頭見えませんでした。ペーパーに思想史関係のものが多く、また Wilhelm（ワシントン大学、中国史）などがドイツ人らしく、さかんに議論を「哲学的」方面にもって行くので、コロンビア大学のモーレーとか、ジャンセンとかウォードとか、事実史や制度関係に興味のある人は、若干不満だったのではないかと思います。ペーパーではロンドン大学の Ronald Dore の徳川時代の教育を扱ったものが断然面白く、Schively の西村茂樹における儒教思想と西欧思想の関連を扱ったものも、年季が入っているだけに実がありました。私は、徳川時代に僅かにあったユートピア社会の構想（安藤昌益、佐藤信淵、本多利明等）が、明治時代にかえってなくなり、utopian-state にかわって、実在するヨーロッパ国家が model-state になって行ったイキサツをのべようとしたのですが、結局例によって時間切れで中途半端なものになり、杉浦重剛の「樊噲夢物語」(2)や矢野龍溪(3)の「浮城物語」から「新社会」に至るユートピアの発想の特色をのべてお茶をにごしました。

ところで今日は先生に御相談かたがたお願いがあります。出発前に先生にもちょっとお話しておいたと思いますが、今年の秋にOxford大学のSt. Antony's Collegeに行く件について、最近Richard Storryから具体的なことを言って来ました。それによりますと、CollegeのGoverning Bodyが正式に、私をSenior Common Roomのメンバーとして招くことをきめたとの事です。御承知のように、OxfordはMichaelmas Termが十月半ばから十二月半ばまで、それにつゞくHilary Termが一月から三月はじめまで(各々八週間が一学期になっています)です。それで、先方としては、Michaelmas Termに来てほしいというのが希望です。これは、先にStorryから一応の私の意向を打診して来たときに、「私の出張期間は一年ということになっており、したがって、formalには今年の十月はじめで切れるが、一、二ヶ月くらい帰りがおそくなるのは、多分実質上認められるだろう。これが来年三月はじめまでという事になると、学部の都合もあり、或は困難かも知れない」と返事を出しましたので、その結果、先方で、if possibleという条件付でHilary Termまでということを言って来たのだと思います。連続講義はしなくてもよく、たゞHudson教授のゼミに一回でることと、一度だけformal university lectureをしてくれという依頼です。Storry氏のhumorousな手紙によると、Oxfordは気位が高く、Senior Common Roomのフェロウとして招かれるというのは、それだけで大変名誉なことと考えているから、Oxfordのなかに住めるという特権をのぞいては、生活費を支給しないのだそうです。それでこの点どこからか費用を調達するよう目下努力中とのことです。

そこで御相談というのは次の三点についてです。

(i) 来学年度（一九六三年度）の各学期の東洋政治思想史は私が帰ってから集中講義をするということで教授会の諒承を経てありますが、Michaelmas Term を終って帰るとしても、六四〔六三か〕年の一月になりますので、実際問題として集中講義はつらいだけでなく、ちょっと時間的にも無理ではないかと思います。留学期間中に一年度くらいは講義を代講してもらう例はこれまで割合多かったように思いますが、私の場合それが許されるでしょうか。もし、それが許されるのなら、たとえば、松本三之介君にでも、来年度の講義を代講してもらいたいと思っております。

(ii) さて、そうすると、講義に関するかぎり、本年度末に帰国するのと、来年の三月はじめに帰国するのとは、事実上ちがいがなくなり、Hilary Term にも滞在できることになります。しかしもちろんその場合には、学部及び文部省に正式に四、五ヶ月の滞在期間延長の許可を求めねばなりません。(Michaelmas Term だけの場合には、学部教授会にはいずれにしても Oxford の invitation の件を議していただいて、代講の許可を求めねばなりませんが、手続として、十月帰国が実質上十二月帰国になっても、文部省への延長申請することが必要かどうか私にはわかりません。) 私個人の希望としては、甚だ我儘なお願いながら、できれば来年の二月か三月はじめまで滞在したいと思っておりますが、学部とくに政治関係の方々には、滞在がのびればそれだけの御迷惑がかかるのは目に見えていますし、それに来年度は、先生の御退官をひかえておりますので、各学期の後半くらいは是非いてもらいたいという希望がでることも予想されます。その場合には、私もけっして無理にお願い致しません。以上の点、先生および政治関係の方々（この段階で必要ならば学部長）の内意をおきかせ下さらば幸甚に存じます。
（iii）先生はじめ関係者の内意を伺うことと、何時正式に学部に申出て、何時教授会の承認を得るかということは、いうまでもなく別問題です。後者について、それも、取敢えず、Oxford からの invitation と代講の件だけを——あるいは前者だけを——教授会で議していたゞき Hilary Term まで残るかどうかはもっと先の段階で、教授会に出す方がスムーズでよいとか、いろいろな step が考えられると思います。その点は先生の御判断におまかせ致しますが、代講の件だけは、もし可能なら、できるだけ早く、たとえば松本三之介君に内々交渉して、実質的に固めておきたいと思います。御多忙中重々恐縮の至りに存じますが、御意見をお漏らし下さるようお願申上げます。

こちらへ参りましてからもう四ヶ月になります。その間しゃべったり、hearing の面でもほとんど進歩せず、バミューダとニューヨークに行ったほかは、雪のケンブリッジにとじこもりながら、たいした勉強もできず、モリス君から続々送って来る『現代政治の思想と行動』の翻訳の校閲[4]——見るたびごとに、今更らこんなものを出版して意味があるかという疑問と嫌悪感が増します——に追いまくられて何となく日が過ぎてしまい、何か目に見えぬ焦りを覚えるようになりました。これまでは、自分のためだけでないという多分の「使命感」もあって、主にプロフェッサーとつき合い、議論して来ましたが、学者というものは、考え方、生活態度、人格のいろいろなタイプといった点でどこでも大体似たようなものですので、これからはもう少し色々な階層の人々と接触の機会を持ちたいと思っております。ただ、どこの国でもそうですが、アメリカのように文字通り空間的におそろしく大きな国はなおさらのこと、何年居てもどれほども分るものではないという諦めの気持がいつも心の底によどんでいることも事実です。

東京の新聞によると異常気象でインフルエンザが流行しているとのこと、どうかくれぐれもお体をおいとい下さい。今日はこれから、国務省招待で訪米中の名古屋〔大学〕の五十嵐豊作さんに会います。春になると、北海道〔大学〕の永井〔陽之助〕君、つゞいて岩永〔健吉郎〕君がやって来て賑やかになるでしょう。〔岡〕義達君からは帰国後消息がありませんが、「万事」スムーズに日本の現境に re-adapt されることを祈っております。おついでの折りによろしくお伝え下さい。重ねて御迷惑なお願いを申上げますことをおわびしてペンをおきます。

一九六二年二月二十日

Suite 517, Ambassador Hotel
Cambridge St., Cambridge, Mass. U. S. A.
丸山　眞男

〔航空書簡・横書き〕東京都大田区大森山王二丁目二六〇七
岡義武先生

HARVARD UNIVERSITY Little Hall 22
Cambridge 38, Massachusetts
MASAO MARUYAMA

（1） マリウス・ジャンセン（Marius B. Jansen） 一九二二―二〇〇〇。プリンストン大学東アジア研究所。著書『日本と東アジアの隣人――過去から未来へ』（一九九九年、岩波書店）。「信念と勇気の人」（『丸山眞男の世界』）を参照。
（2） 杉浦重剛 一八五五―一九二四。明治・大正期の教育家・思想家。政教社で雑誌『日本』を発刊、東京英語学校（後の日本学校）の校長。昭和天皇の学問所御用掛。『樊噲夢物語』（一八八六年）は被差別部落民の南洋移住論を展開している。丸山は母方の伯父井上亀六の縁で幼少時に杉浦に接している（「如是閑さんと父と私」『丸山眞男集』第十六巻）。
（3） 矢野龍溪 一八五〇―一九三一。明治・大正期の政治家・小説家。『浮城物語』（一八九〇年）は海外雄飛の冒険小説で、『新社会』（一九〇二年）は社会主義への関心を示す寓意小説。丸山は『矢野龍溪資料集』第一巻に「序文」を寄せている（『丸山眞男集』第十五巻）。
（4） *Thought and Behavior in Modern Japanese Politics*, I. Morris (ed.), London, 1963.

55 松本三之介 一九六二（昭和三十七）年三月二十六日

たいそう御無沙汰しました。いつぞやは御便りうれしく拝見しましたが、例のごとき筆不精で今日まで失礼しましたことをお許し下さい。

今日は大事な要件でお便りする次第です。どうもたまに手紙が来るとロクなことはないといわれるのを覚悟して申し上げます。それは来学年度（昭和三十七年度）の東大の東洋政治思想史の講義（冬学期）を何とか貴兄に担当していたゞけないかという御願いです。まず事ここに至ったいきさつをお話します。私は約一年の予定で海外出張の辞令が出ており、したがって冬学期の講義は多少遅れても、日本へ帰ってから集中講義をするつもりでおりました。ところが、日本を発つ前から、オックスフォード大学のセント・アントニーズ・カレッジに寄らないかという話がR・ストーリー氏からありましたが、最近に至ってその話が具体化し、カレッジの Governing Body が、私を Senior Common Room の fellow として招くという事を決定しました。オックスフォードの学期は十月半ばから Michaelmas Term がはじまって、十二月半ばで終り、次の年の一月から Hilary Term という名の学期がはじまって、三月半ばで終ります。先方は、できれば是非この両学期来てくれというのです。アメリカの帰りにオックスフォードやロンドン大学に寄ることは、岡〔義武〕先生や二、三の同僚にもかねがね話してありましたが、来年の三月までという事になると、ちょうど岡先生の退官される時期でもあり、何かと学部も大変だろうと思って、オックスフォードの方には、一応、Hilary Term までは無理かもしれないが、Michaelmas Term には行けると思うと個人的に返事しました。と同時に、岡先生にこの件を御相談したところ、非常に好意的に考慮して下さって、(i) 折角行くのなら、どうせ本年末か、来年始めに帰っても中途半端だから三月まで居たらどうか、それにはこれこれしかじかの手続を要する (ii) 来年度の講義は松本君に依頼するのなら、一番無難で内部でも問題ないだろうという返事をいたゞきました。後者の件は、「たとえば」という形で私がメンションしたことにたいする御意見で、さらに、丸山から直接松本君に頼んでもいゝし、何なら自分から内意をきいてみるとの事でした。一月頃帰るか、三月になるかは費用の関係もあって、まだ私も決定しかねていますが、たとえ一月に帰るとしても集中講義をするのは、どうしても無理と考えますので、重々御迷惑と承知しながら、貴兄にたってお願する次第です。もっと予定が早くはっきりしていたなら、このお願いも早く出来たのですが、もう恐らく来学年の授業担任がきまった後と思われますので、なおさら御無理を御願いするのが気がひけますけれども、貴兄にフラれると、皆目見当がつかなくなります。教育学部の木下〔半治〕・磯野〔誠一〕さらに必要なら家永〔三郎〕等の諸教授には、もし必要なら私から事情を話して、講義委嘱の諒承を求めます。毎週二回の負担が大変なら、十二月の終りとか、一月はじめとか、二回位にわけて集中講義をする方法もあり、その点は岡先生を通じて事務の方にもできるだけ御便宜をはかるようにさせます。内容はもちろん、貴兄が教育大学文学部でおやりになっている講義に、多少思想史にアクセントを置いてやって下されば結構で、時代も、幕末から明治にかけてでも、あるいは明治から大正にかけてでも御自由に選んで下さい。

いずれにしてもこの件で、岡先生と連絡をとられて至急御相談下さるよう、伏してお願致します。なお、オックスフォードでは、大学の中に部屋をくれてそこに住むことになるでしょう。義務としては、一度だけ講演みたいなものをすればよいので、きわめて楽です。ハーバードでもそうですが、必ずしも日本やアジアの研究者に限らず、思想史関係に興味をもっている学者と学部をこえて接触して、将来、若い人が来た場合の足がためをしておきたいと思っています。

こちらでは四月二日からボストンでAssociation for Asian Studiesの大会があり、そこで特別講演(1)を開会日にやらされる事になって全くユウウツです。こういう依頼は原則としてみな断ってきたのですが、これだけはさまざまの事情で引受けざるをえなくなりました。この大会は全米のアジア研究者が何百名と一堂に会するいわば大がゝりなお祭りで、若い研究者はこの機会に「大先生」をつかまえて就職をたのもうと必死になってうごめくのだそうです。〔ベンジャミン・〕シュヴァルツ〔シュウォーツ〕教授に、「まあスレーブ・マーケットのようなものですか」と冗談をいったら、「全くそのとおりだ」と苦笑していました。石田〔雄〕君もスカラピーノと一緒にやってくるので、久しぶりに会えます。

ケンブリッジも漸く厳冬が去って、春のきざしが見え出しました。寒さは暖房が行きとゞいているので、それほどこたえませんでしたが、ここは水ハケが甚だ悪く、昼はドロンコの雪が、夜になるとカチカチに凍てついて足が滑り、まったく始末が悪い。御婦人がスカートを気にしながら、ぬかるみをとびこえとびこえ歩いているさまはどうみても機械文明を誇るアメリカの光景とは思えません。それにしても日のたつ事の早いこと、一体ここへ来てから何を勉強したかと思うと、そぞろ淋しくなります。本当に勉強する気なら、最低二年は落着かなければモノにはなりません。

研究室の人や「シューレ」〔いわゆる「丸山学派」〕の人からのお便りにも一向御無沙汰していますが、最近ここの政治学部の講師をしている有馬龍夫君が静養のため日本へ帰ったので、もし彼にお会いになる機会があれば、ハーバードではほとんど毎日のように会ってダベっていたので、私の様子もきけるでしょう。先日トレルチの研究会(2)には彼も出たようで、藤田〔省三〕君・野村〔浩一〕君・植手〔通有〕君などは会った筈です。

日本も――というと話が大きすぎますが――「思想の科学」事件(3)その他相変らずめまぐるしい様子ですね。地理的には離れていても、ジェット時代のせいか、一向に「三笠の山に出でし月かも」の距離感がなく、相変らずいまにも編輯者に襲われるかのような恐怖感（？）がつきまとっています。まあ何のことはない、日本のどこかで長期カンヅメになっているような気分です。

今日はこれで失礼します。最初の要件、何とか色よい御返事を下さる日を心からお待ちします。なお、オックスフォードの件はまだ教授会の許可も経ていませんから、どうかそのお積りで……。オックスフォードやロンドン大学に寄るという一般的な事ならもちろん誰かにきかれたらお話下さって構いません。では御元気で。奥さんによろしくお伝え下さい。

三月二十六日

丸山　眞男

松本三之介様

MR. S. MATUMOTO SAITAMA, JAPAN
埼玉県所沢市新所沢団地五四棟六号
松本三之介様
MASAO MARUYAMA
Suite 517 Ambassador Hotel
Cambridge St., Cambridge, Mass. U.S.A.

（1）　ボストンで開かれた全米アジア学会総会冒頭で“Patterns of Individuation—A Conceptual Scheme”と題して講演した。
（2）　エルンスト・トレルチの『キリスト教会およびキリスト教諸集団の社会教説』（通称ゾチアール・レーレ）の

研究会として出発、西欧のみならず東洋・日本の政治思想史の研究者が参加。のちにVGの会（Vergleichende Geistesgeschichte 比較精神史）になる。

（3）『思想の科学』一九六二年一月号（「天皇制」特集号）の廃棄をめぐる事件。第四次『思想の科学』を一九五九年一月から刊行していた中央公論社の『中央公論』一九六〇年十二月号に深沢七郎の小説『風流夢譚』が掲載されると、右翼はこれを皇室に対する侮辱と憤激し、六一年二月、中央公論社社長、嶋中家の手伝いの女性を殺し、嶋中夫人に重傷を負わせた。『思想の科学』はこうした状況のなかで、六二年一月号に「天皇制」特集を企画した。しかし、雑誌が刷り上がった後になって、中央公論社は社の了解のもとに作った特集号の延期と雑誌発行についての新たな条件を思想の科学研究会に提示した。六一年十二月二十六日、思想の科学研究会評議員会は十二月号かぎりで中央公論社からの雑誌発行を自主的に中止することにしたが、中央公論社が廃棄したその特集号を公安調査庁に見せていた事実もわかり、これを言論の自由、基本的人権の侵害として、竹内好らの中央公論社に対する執筆拒否に発展した。そして、六二年四月の『思想の科学』自主刊行の創刊号は、事件によって廃棄された「天皇制」特集号を復刊したものであった（京谷秀夫『一九六一年冬』（一九八三年、晩聲社）参照）。

56 岡　義武

一九六二（昭和三十七）年三月二十日〔ボストン消印〕

岡義武先生

三月六日付のお手紙有難く、かつうれしく拝見しました。早速御返事すべき筈のところ、一つには間もなく来る筈になっていた〔リチャード・〕ストーリー氏の手紙を待っていたことと、四月二日からはじまる全米アジア学会の開会日に「特別講演」とやらをするという破目に陥り、その折衝などのため——結局あえなく陥落して引受けましたが——このように延び〴〵になった事をおわび致します。

私の在外期間延長のため、本当に真味のこもったサジェスションをいたゞいて感謝のほかありません。

はなはだ散文的なお便りになって恐縮ですが、箇条書き的に用件を列挙致します。

一、私の公用旅券も、出張命令も、前者は、アメリカ、カナダ、英国、スエーデン、スペイン、フランス、ノルウェー、和蘭〔オランダ〕、白耳義〔ベルギー〕、ルクセンブルク、西独、スイス、オーストリア、イタリー、ギリシャ、アラブ共和国、パキスタン、インド、セイロン、シンガポール、ヴェトナム、フィリピン、ホンコン、となっており、後者は「アメリカ、カナダ、連合王国、スエーデン、スペイン、フランスの各国へ出張を命ずる」となっておりますので、在留国追加手続及び旅券の査証は別に必要ないのではないでしょうか。なお旅費出所についても、出発の時、庶務の吉原氏と相談して、「海外旅行のため外国に向けた支払承認書」を提出し、六月までの分はフォード財団の保証（これは事実）それから先のヨーロッパ旅行の三ヶ月の費用は日本政治学会負担（これはフィクション）ということにして、——実際は使っていませんが——一、九七五ドル相当の外貨額と一、〇二四ドル三五セント相当の円払運賃の承認をもらってあります。日本政治学会負担という形式は教育大木下〔半治〕氏・早大吉村〔正〕氏其他が昨年国際政治学会に出張するときにとった形式で、私の場合にも、六二年度にヨーロッパの各国政治学会を訪問して連絡するという形にしたわけです。ですから、残る問題は、在留期間延長とそれに伴う費用の裏付けという点が主だと思います。

二、ストーリー氏からはその後、カレッジのGoverning Bodyが、私に対して、一学期滞在の場合は八〇〇ポンド（税込み）、二学期滞在の場合は一〇〇〇ポンド（控除が大きくなるので、それだけ支給額は安くなっているとの事です）のグラントを認めたといって来ました。彼の計算ですと、大体一ヶ月、十七万円といくらかになるそうで、家賃とかいらないから、これで十分だとの事です。したがって、前者の費用・旅費出所のことも、日本政治学会負担というような形式をとる必要も今となってはないわけですが、これは手続の簡便な方を選びたいと思います。何でもオックスフォードはおそろしく気位が高く、昨年もあるハーバードの教授が「招待」といって呼んでおきながら一文も金は出さなかったと同僚に怒って話していたという事をききましたので、それだけ、セント・アントニーズの人々、とくにストーリー氏に感謝しています。しかし彼には、Hilary Term（来年三月はじめ）まで滞在できるかどうかはまだ未定だといってあります。

三、私はひとりでcommon-roomの中に住むことになるので、妻は今年の夏に帰国しますが、せっかくなので、夏の間にヨーロッパを旅行して、東回りで日本へ帰る予定です。そうすると、私の旅券は前述のようになっていますが、妻のはアメリカだけなので、たとえ通過だけにしても在留国追加を必要とするでしょう。これについては、平田氏や吉原氏に当然お願いしなければなりませんが、たまたま文学部の井上光貞一家もヨーロッパ回りで帰国で、同じような条件にあるため、当地で勉強中の外務省一等書記官の内田宏君が、何なら二人の件を一緒にワシントンの総領事館の方に申請して旅券に追加国を書きこませるといってくれています。しかし公用旅券ともなれば、いずれにしても文部省を通らなければならないでしょうから、形式としては妻の手続もやはり大学を通してやる事になるのか、そのへんのところを事務に確かめたいと思っております。

四、松本三之介君には個人的に手紙を出して講義の件を依頼すると同時に、岡先生に連絡をとるようにお願しました。本人が参りましたら何卒よろしくお願申上げます。
目下「講演」準備に追われながら認めましたので、なおさら味もソッケもないお便りになりました。辻〔清明〕君からはまだ岡義達君のこと、その他について何も言って来ませんが、こちらも学会が終ったら早速手紙を出します。重ねて御配慮深く〳〵感謝致します。

〔航空書簡・横書き〕Professor Y. Oka Tokyo, Japan
東京都大田区大森山王二丁目二〇六七番地
岡義武先生
MASAO MARUYAMA
Suite 517, Ambassador Hotel
Cambridge St., Cambridge, Mass. U. S. A.

57 安田 武　一九六二（昭和三十七）年五月二十一日〔ケンブリッジ消印〕

〔前略〕昔から不断に世界各国から移民が入って来てはアメリカの風土に同化されて行くという事は周知の事実ですが、同化させる「実体」は何なのかという事は、先日のあるパーティーでも話題になって結局誰もハッキリした事は分りませんでした。むしろ「実体」がないから同化し易いという逆説も成立するかもしれません。しかしこういう大きな「歴史的」問題とあなたのまったくショッキングな個人的経験とをどこまで直線的に結びつけてよいのかも実は私には疑問です。こんど中部と南部を旅行してみてアメリカの広さを実感しました。なにしろ飛行機代のかかる事、これだけあればゆうにヨーロッパ中をまわれます。私の知っているアメリカの教授がほとんど南部を話にきいているだけで訪れた事のないのも無理はないと思いました。したがってアメリカ人のものゝ考え方は根底的に parochial で、日本とちがった意味で「タコツボ」的です。一つの国といえるのかと思う位に、地理的な多様性、利害の分化が甚だしく、それでいて「イデオロギー的」には奇妙に画一的です。日本はそれと反対に、イデオロギー的には極左から極右までまことに多様ですが、地域差とか人種とか、いや社会的利害の点でさえかえって案外ユニフォームなのではないでしょうか。自然の境界が国という人為的境界と昔から一致していた日本には、一種の an sich の、あるいは「ナチュラル」ナショナリズムはあるけれども、他方で人為的、自覚的ナショナリズム――空間に線を一本ひいて、こっちは俺の国だというナショナリズム――は甚だとぼしい。ですから個人の場合、インターナショナルになるという事は、一個の人間になる事である筈なのに、日本人の場合は「国際人」になるという事は、たゞたまたま行った外国に「同化」するという事になりがちなのだと思います。でなければ、まるでどこへ行っても日本政府代表みたいにしゃっちょこばって、「日本人」意識過剰になるかどちらかです。留学生にもこの二つの型が多いようです。重ねておわびまで。

〔航空書簡〕MR. TAKESHI YASUDA
TOKYO, JAPAN
東京都東多摩郡下保谷二三八

安田武様
MASAO MARUYAMA
Suite 517, Ambassador Hotel
Cambridge St, Cambridge, Mass.

58　岡　義武　一九六二（昭和三十七）年五月二十一日

その後、御無沙汰申上げました。アメリカ滞在（六月十八日頃ボストン発ちます）もあと一ヶ月足らずとなりましたので、かねて約束してあった東中部の大学だけでもまわって来ようというわけで、四月の二十四日にケンブリッジを出て、五月十七日に帰って来ました。そんなわけで御連絡がおくれて申訳ありません。小生の在外期間延長及び代講の件で一方ならぬ御配慮をいたゞき、おかげで順調に手続をすすめる事が出来ますことを幾重にも感謝致します。

大学はエール・プリンストン・ミシガンを中心とし、ついでにシカゴまで足をのばしました。ちょうど北大の永井〔陽之助〕君が滞米中で、南部旅行の一部を一緒にしないかと誘われ、せっかくアメリカに来て名だゝる「南部」をのぞかないのも残念と思って、ほんの数日ですが、TVAのあるノックスヴィルと、「風と共に去りぬ」で有名なアトランタを旅程に加えたために、意外に長途の旅行になってしまいました。まったくアメリカは広い国だという事が、飛行機にのるたびに、みるみる懐中が軽くなってゆくので文字通り「実感」されます。この「脱線」のために、とうとう西部の大学には行けなくなりました。せめてバークレーとスタンフォードは寄りたかったのですが……。西部へ飛ぶ費用でゆうにヨーロッパへ行けるのですから何となく馬鹿らしくなります。私の知る限りのアメリカの教授がほとんど南部に行った事がないのには驚きましたが、これも馬鹿馬鹿しい空間の広大さと関係があるのかも知れません。「アトランタはどんなところだ」と帰ってから到るところできかれるのは全く苦笑ものです。

エールでは、オルモンド教授とも会い、わずか二日の短い滞在にもかゝわらず、昼食に自宅に呼んでくれました。辻〔清明〕君への手紙にも書きましたが、彼は自信過剰という評判をきいていたので、どんな人かといささか警戒して会いましたが、案外愛嬌のいゝ学者で、少くもとっつきにくいタイプではありません。はじめは日本をよほどの「後進地域」のように思って若干不安を感じていたようですが、坂本〔義和〕君や、私の会う数日前に会った永井君が啓蒙したせいか、今度は、「近代的なアパート生活じゃ本当の日本人の生活様式は分らないのじゃないか、東北地方などへも旅行したい」などといっていました。日本の学界で論議されている事も、それほどアメリカとちがっていず、また学問的水準もそんなにバカにしたものではない事がだんだん分って来たようです。東大のセミナーを楽しみにしていました。もう日程を組んだのでどうにもならないけれど本当はもっとじっくり滞在したいといわんばかりの口吻でした。もっともあまり長く腰をすえられては、われわれの方で迷惑でしょうが……。とにかく一方で日本研究がかなり深く進められていながら、他方で「政治学者」がいかに日本の事に無智であるか、少くも最近まで、あったか、の好例証と思います。これはシカゴで一夕招かれたD・イーストン教授にも感じたことで、イーストンは大学院の岡村忠夫君をとても可愛がり、同君を通じて急激に日本にも関心をもつようになったように思われます。イーストンは political socialization の比較調査もやっているので、彼などももし招いたらよろこんで来る一人だと思います。政治関係何かまだ大事な御報告が残っているような気がしますが、今日は一まずこれで擱筆します。政治関係の方々にくれぐれもよろしくお伝え下さい。

五月二十一日

〔航空書簡・横書き〕東京都大田区大森山王二丁目二〇六七
岡義武先生
MASAO MARUYAMA
Suite 517, Ambassador Hotel
Cambridge St., Cambridge, Mass. U. S. A.

59　都留重人　一九六二（昭和三十七）年五月二十五日〔消印〕

五月八日付の御手紙拝受しました。アメリカ滞在も残る日数が少くなりましたので、あまりケンブリッジに陥没しているのもどうかと思って、前々から約束してあったプリンストン・エール・ミシガンなどの大学を歴訪するため、先月の二十四日にボストンを発って、漸く先週の、五月十八日に帰って来ました。そんなわけで御返事が遅れたことをおわびします。意外に旅が長かったのは、ノックスヴィルとアトランタによって、ちょっぴり「南部」の臭をかぎ、ついでにシカゴまで足をのばしたからです。旅中のいろいろの感想よりは、何しろアメリカというところはバカ〴〵しく広大な国だということが、飛行機にのるたびに見る見る減って行く懐具合で痛切に実感されました。とうとうこれも前から約束してあった西部――キャリフォルニアやスタンフォードは断念して帰って来ました。もちろん何か一席レクチュアをやれば、旅費位は出してくれるのでしょうが、それがいやさに自前で出かけたわけです。

そのことと関連しますが、日米民間文化人会議はまっぴら御容赦願います。もう十月までヨーロッパのスケジュールがぎっしりきまっているせいもありますが、会議はもうたくさんで、考えただけでもノイローゼになります。日本語と同じ位英語が達者で、しかもエロクエントな貴兄を規準に考えてもらっては困ります。通訳付でもいやです。小人数の純学問的討議以外は、今後は一切国際会議に参加しない事にして通すつもりですから、どうか小生の personal preference を尊重して下さるようお願します。いくら憂国の至情を吐露されてもこれだけは承諾できません。何卒あしからず。

台所用品は石田〔雄〕君が来るまで間違なく保管されるよう、責任をもって処理します。マルゴーリンさんとはまだその件で連絡していませんが、彼のところか、入江〔昭〕君のところにあづけます。この用品は本当に助かりました。重ねて幾重にも御礼申し上げます。

それにしてもあまりに慌たゞしいアメリカ滞在でした。リサーチには短かすぎるし、旅行にしては長すぎるし、結局中途半端で、滞在中何をしたのかといわれるのが一番困ります。まぁ手紙の返事を書いたり、新聞の切抜をつくっていたというほかありません。手紙を書くというのはむろん英文の手紙で、これが筆不精で、しかも英語の下手な小生にとってどんな苦痛だったか御想像下さい。先方は秘書に打たせてすましているのですから、それだけでも大変なハンディキャップです。なかには "dictated, but not read" などと書いてある失礼な奴もあります。(流石にハーバードの教授にはいませんが。) そこへ行くと一般にヨーロッパ系の学者は大抵自分で下手なタイプを打ってよこしますし、シグマント・ノイマンなどは必ずペンの自筆です。やっぱり僕のような伝統主義者にはこの方が感じがよい。ハーバードでも、decision making はだんだん秘書の手にわたって行ったと悪口をいわれるのも、むべなるかなと思います。くだらぬオシャベリをしました。日本の友人諸兄には大抵御無沙汰しております。

どうかおとりなしをお願します。

〔航空書簡〕Professor Shigeto Tsuru, Tokyo, Japan
東京都港区赤坂新町６６０
都留重人様
MASAO MARUYAMA
Suite 517, Ambassador Hotel
Cambridge St., Cambridge, Mass. U. S. A.

60　福田歓一　一九六二（昭和三十七）年十月二十日

十月二十日

福田歓一様

あまり長く御無沙汰したので、何から書きはじめてよいか分りません。十月はじめにロンドンからここに移って、しばらくは買物とか何とかで落着かぬ日が続き、ようやくOX.の東西南北の見当くらいつくようになったのは、二、三日前からです。しかし河合〔秀和〕君が一足先に来ていたので、万事コーチを受けて本当に助かりました。とはいうものの、顔と名前を覚えるのが、さなきだに苦手なのに、相手が大体似たような顔をしている「西洋人」ですから、いまだにSt. Antony'sの人でたびたび食堂やsenior common roomで話をしているような相手でも、名前と一致できないで弱っています。小さなコミュニティだから一層バツが悪いというわけです。

新学年が今週からはじまり、A・J・P・テイラーが、劈頭の講義で「これがOX.の最後の講義になるだろう」といい、それが各新聞に大きく報道されてセンセーションをおこしています。御承知のように、彼は、Trevor-RoperやMax Beloffと犬猿の仲であるだけでなく、一方的核武装廃棄論などの政治評論でいろいろ物議をかもして来た人だけに、彼の辞任の「政治的背景」が噂されるわけです。今日の学生新聞などは、「マクミラン氏――彼はOX.のVice Chancellorですから――がこの問題に介入しているという説もあるが、彼はほかに考えることをたくさん持っているから、関係ないだろう」と本気とも冗談ともつかぬ記事を載せている程です。もっともテイラーもかなりハッタリ屋らしく、学生に話す二日前に新聞記者にそのニュースを流していることがわかって、ここのSub-warden〔副学長〕をしているジェイムズ・ジョル――彼とはハーバードで短いながら一緒でした。

彼は例の「第二次大戦原因論」でTrevor-Roperがコテンコテンにテイラーをやっつけた時に、むしろテイラーの書物を弁護する書評を書いた人で、左派だけれどもいわゆる人格円満型なのですが――さえも、顔をしかめていました。

小生はハーバードではとうとうほとんど講義に出なかったので、せめてここでは少し学生にかえって勉強しようと思って、四つばかり出席しています。今学期はクロスマン(1)とバトラーが「議会政治の諸問題」という共同講義をやることになり、昨日その第一回がありました。バトラーが司会者になって、クロスマンが主として現代政治研究の資料・方法・モデルといった事をしゃべり、そのあと討論に入るのですが、昨日は、ちょうどOX.に来ていたDavid Trumanが、Max Beloffとともに聴講していて、司会者の指名で、クロスマンの権力概念について批判したので、ちょっとした国際政治学会小集会の観を呈し、面白く思いました。もっともトルーマンの質問は、すでに実際政治家であるクロスマンにたいする質問としては、あまりにアカデミックな定義論で突込むので、極端にいうとないものねだりの趣がなくもなかったけれど……。

他方クロスマンの方も、「権力というものは、政治の世界の中にいる人間にとっては、政治学者が考えるほど神秘的なものでなく、明々白々のものだ」と応酬していましたが、どうも全体の調子が、彼ほどのアカデミックな素養を持った人でも、アカデミーの世界にコンプレックスを感じていると思わせるものがありました。バトラーと組合っている点も面白いので、これは続けて出ようと思っています。――

こちらの事ばかり書きましたが、日本の、とくに管理法をめぐる空気模様(2)は、貴兄の御手紙以後も、ロンドンでお会いした大塚〔久雄〕さん[3]や、九大の青山道夫[4]さんなどからあらましは伺っています。
それにしても何とまあ、日本という国は、学者を静かにさせておかないような問題を次々と政治家がおこす国だろうといまさらのように考えます。貴兄のお体はその後いかゞですか。自愛のほど、切にお祈りします。取敢えず近況御報告まで。　草々

奥様によろしく。

〔航空書簡〕MR. K. FUKUDA
TOKYO, JAPAN
東京都豊島区西巣鴨三ノ六六〇　公務員宿舎RA22
福田歓一様

(1)　R・H・S・クロスマン　政治学者。著書『政府と人民』（岩波書店、一九五五）。同書を丸山は一九四〇年に書評している。「クロスマン『治者と被治者』」（R.H.S Crossman, *Goverment and the Governed*, 1939）（『丸山眞男集』第一巻）。

(2)　一九六二年六月二十日、中央教育審議会（文相の諮問機関）は大学の管理運営についての答申案を作成、文相の学長拒否権・学外者による管理機関の設置などを示唆した。九月十五日の国立大学協会総会は大学管理運営に関する中間報告を発表、法改正による改善に反対、大学運営協議会の設置を提案した。十月十五日、中教審は大学の管理運営について答申、文相の学長などの人事拒否権は削除し、大学種別に応じた管理形態を示唆した。なお、東大の大学改革と丸山の関係については、『自己内対話』一九六頁の注参照。

(3)　大塚久雄　一九〇七―九六。経済史学者。京都市生まれ。一九三〇年東京大学経済学部卒業。法政大学助教授、教授を経て、三九年東大助教授、教授（一九四七―六八）。国際基督教大学教授。一九九六年七月九日に大塚が亡くなると、丸山は七月十七日の告別式にあてて七月十六日に病床で口述筆記した「弔辞」（『丸山眞男集』第十六

巻）を寄せた。
（4） 青山道夫 一九〇二―七八。家族法・法社会学者。宮城県生まれ。一九二七年東京大学法学部卒業。九州大学教授（一九四四―六六）。

61 家永三郎 一九六二（昭和三十七）年十二月二十七日〔ロンドン消印〕

With Every Good Wish
for
Christmas and the New Year〔印刷〕

先日は美しいクリスマスカードをまことにうれしくいただきました。私は今年もキリがないので、年末年始の御挨拶はどちらにも失礼してしまいました。このカードもクリスマスには間に合いませんが、以上の事情で悪しからず。

大学管理法のことは、九月に会った大塚久雄さんの話や、同僚からの手紙で断片的には承知しておりましたが、大体悲観的な情報ばかりで、（これは管理法問題に限らず）想像しただけでとみに食欲減退をおこします。どう転んでも長期戦と思われますから、その意味でも貴兄のような大事な人は、エネルギーを燃やし尽さないようにくれぐれも御留意下さい。

イギリスで新聞を毎日みていて（これがおそろしく時間をくいます。なにしろ日本の新聞とちがってよみでがありますからね）つくづく感じることは、日本でおこっている問題はほとんどみな、ここでも共通して当面しているということです。国内教育問題に限っても、大学入学人口の激増にたいする施設の貧弱さ、文教費等の削減（OXF. も CAM. も私立ですが、財政的には圧倒的に国家予算に依存しています）をめぐる大学と政府の対立、いわゆる自然科学偏重への批判、キューバ問題で多くの大学教師が匿名でケネディに抗議したことへの政府や保守系新聞の非難と嘲笑。学校当局の学生新聞にたいする「弾圧」と抗議。少年非行とカミナリ族による交通事故の激増等々。ただ問題は共通していても、その処理の仕方がちがうだけ（この「だけ」は大きな「だけ」ですが）です。ところで、私は三月末に帰国しますが、約一年半の間、さてどんな仕事や勉強をしたのかとふりかえってみると、漠然と日を送ってしまった感じで、空虚感に堪えません。人間ひまになってもそれほど本が読めるわけではありませんから、どうか御安心？　下さい。では御元気で。

丸山　眞男

家永三郎様

一九六二年十二月　於牛津

〔カード・航空書簡〕MR. S. IENAGA　TOKYO, JAPAN
東京都練馬区東大泉町九〇三
家永三郎様

62　松本三之介　一九六二（昭和三十七）年十二月二十七日〔ロンドン消印〕

St. Antony's College, Oxford, England
M. MARUYAMA

With Every Good Wish
For
Christmas and the New Year〔印刷〕

一九六二年十二月　於牛津

丸山　眞男

十二月十四日付御手紙うれしくいただきました。こちらこそ、講義のお願いをしっぱなしで何とも恐縮の至りです。研究室使用の件は私ももっと早く気がつけばよかったと後悔しています。この三、四年研究室は仕事のためには全く使わなかったので、書籍もなく、よごれ放しになっていて、あまりお役に立ちそうもありませんが、どうか遠慮なく御使用下さい。

大学管理法問題は先日、家永〔三郎〕君からも年末年始の挨拶状に簡単にふれてあり、その他、辻〔清明〕君や福田〔歓一〕君などからもニュースが来ますが、大体ペシミスティックな報道ばかりで、想像するだけで、イギリスの冬空のように重苦しい気持になります。それだけに大変な時に講義をお願したものと一層申訳なく思います。それにしても何とまあ誂えむきに次々と学者を研究室から立ち上らせる問題が続発する国だろうと半ば呆れ、半ば感心しています。

オックスフォードは勉強にはいい環境——というより勉強する以外には仕方がないような場所ですが、日本研究はアメリカはむろんロンドンやケンブリッジよりもはるかに立遅れており、先日やっと日本科が中国科から独立した——といっても実質的には日本専攻の学生が同時に中国語や中国史をやる義務がなくなったというだけのことですが——程度で、そういう意味ではハリ合いがありません。ただ大学はおそろしく小さなコミュニティなので、部落付き合いのようなところがあり、イギリスのインテリの生活態度がよく分って面白く思います。いずれ四月はじめにお目にかかった上で。奥さんによろしくお伝え下さい。

〔カード・航空書簡〕 MR. S. MATUMOTO SAITAMA, JAPAN
埼玉県所沢市新所沢団地五四ノ六
松本三之介様

MASAO MARUYAMA
St. Antony's College, Oxford, England

一月三十日
丸山　眞男

63　岡　義武　一九六三（昭和三十八）年一月三十日

岡義武先生

その後御無沙汰申上げ深くおわび致します。旧臘クリスマスの直前に、〔リチャード・〕ストーリーさんから、田舎のクリスマスを経験するのも面白いだろうといわれて、ケタリングにある彼のお兄さんの家につれて行かれ、つづく正月休には一寸したプライヴェイトな用事も兼ねて、ウィーン・ボン・パリと十日ばかり旅行して来ましたので、かえってくるといろいろな用事がたまり、心ならずも先生はじめ研究室の諸兄にお便りを怠ってしまいました。私の方は、何十年ぶりとかいう悪天候にもかかわらず、只今のところ風邪もひかず元気でおりますから他事ながらご休心下さい。パリでは野田〔良之〕君とも、横田地〔弘〕君とも久しぶりで会って歓談しました。

ところで先生にははなはだ申上げにくいことで、御諒解を得なければならない件ができました。それは手短かに申しますと、私の現在の予定では帰国時期が四月初旬となり、先生の御退官の日までには間に合わなくなったという事です。カレッジのヒラリー・タームが実質上終るのが三月十六日（正式には四月六日）なので、本来なら三月下旬に東京着の予定だったのですが、三月二十七日から二十九日まで、イギリスの東洋学会の年次例会がひらかれるのと、引続いて三月二十九日から四月二日まで、これはドイツのフライブルグ大学で、ユネスコ主催の国際会議があります。前者はまあ特に出席せねばならぬほどのものではないのですが、後者は、性質上、昨年ボストンで小人数で開かれた研究上の国際協力増進についてのセミナーと関連し、その時にミュンヘン大学から招ばれて来たＨ・フランケ教授からの来信で、せっかくイギリスにいるのだから是非出席してくれといわれておりますうえに、テーマも「東洋のカルチュアについての研究を既存の大学教育のディシプリンのなかでどの程度まで、またどういう方法で生かしうるか」という事で、私自身が前々から悩んでいた問題と非常に近いものですから、できましたら帰国の途中に寄り、ついでにフライブルグの政治学研究所も訪ねて行きたいという気が致します。先生には前々から御退官迄には必ず帰国して今後のことも御相談したいと考えておりまして、そのことも手紙にも誌したように記憶いたしますので、こういうことを今更お願いするのは実に心苦しく、正直のところまだ本当に決断がつかない状態です。ただ強いてラショナリゼーションをすれば、三月三十一日までに帰れば、御退官に間に合い、四月に入ってからでは間に合わぬと考えるのも、民法の相続の解釈じゃあるまいし、あまりに形式的ですし、むしろ実質的に重要なことは、今後の政治関係の運営や研究体制という問題について、先生と十分御相談もし、御意見も伺うという点にあるのですから、そういうことさえキチンとやれば、何も、一週間や十日を問題にしなくてもいゝとも考えられます。しかしそれにしても、学部や政治学研究会などで開かれるであろう送別会に出られないとか、あれこれ考えますと、何か割切れない気持が残ります。

なお、これはとくに処理済みの事項と存じますが、来年度の私の講義・演習は、先生の御前便にありましたのが私の意向の通りで、すなわち夏学期が大学院、冬学期が学部の東洋政治思想史という事になります。ただ私の旅行中に来ました学部事務からの連絡のなかに、「職務調書」として、政治学二、東洋政治思想史二、とありますのは、どういう意味なのか解釈に苦しんでおります。

個人的なお願やら、散文的な用件やらで味気ないお便りになってしまいました。イギリスは新聞でも御承知のように、旧臘からスカイボルトはキャンセルになり、失業者は八〇万をこえ、ゲイツケルは急死、E・E・Cではド・ゴールに頭をはられ、形にこそまだそれほどはっきりあらわれませんが、戦後最大の危機に直面しているという新聞の形容は必ずしも誇張でないようです。ストーリーさんの言い草ではありませんが、「お天気までついてない」というところです。今週はいくらかよくなりましたが、先週には、私の部屋もガスは細くなり、電気は暗く、テレビは電圧低下で映らず、洗面所・便所は凍って使用不能という状況で、久しぶりに日本の戦争直後の生活を思い出させました。この便りもかじかんだ手で認めております。

ではお体ご大切に、御無沙汰のおわび旁々御願まで。　草々

〔航空書簡・縦書き〕PROFESSOR Y. OKA, TOKYO, JAPAN
東京都大田区大森山王二丁目二六〇七番地
岡義武先生

64　岡　義武

一九六三（昭和三十八）年二月二十六日〔オックスフォード消印〕

岡義武先生

二月六日付の御手紙うれしく拝見しました。私の勝手な申し出でを快く受け入れて下さったことに対して感謝のほかありません。妻からの来信によれば、辻〔清明〕君も三月下旬から留守になるので、政治学関係の、先生にたいする送別会は、辻君、私が帰国の後に催すとの坂本〔義和〕君の話があった由で、これも些細なこととはいえ、私の気持の上では有難いことです。

ヤング氏の件、御心配かけてすみません。実は只今坂本君からも手紙をもらったところです。同氏は、非常に忙しい人で、とくにこんど Labour の新党首になった Harold Wilson のブレインの一人だという話もあり、ロンドンで会う約束も二度延期となって、ついこの間やっと一緒に食事をして話すことができました。詳しいことは坂本君にも書くつもりですが、私の話の仕方に ambiguous なところがあったことにあとから気がついて、すぐ手紙を出しましたが、その返事は今日現在まだ来ません。要するに一九六六年度なら絶対大丈夫なのですが、六五年度後半期ということになると、ちょっとまだ未確認なのです。時期の折合いがつけば、原則的には喜んで行きたい。主として日本の social mobilization の問題を調べたいといっておりました。他の候補者といわれても、正直のところすぐに思い浮かびません。私の出不精のせいもあるのですが、冬という時期、（とくに今年の冬）によって機動性を甚だしく奪われ、Oxford の他の College の人でも、Beloff や Isaiah Berlin 以外には、ほとんどまだ面識がないのです。私が名を知っている Butler とか、Robert McKenzee（ロンドン大学）などは、ちかごろはテレビ・タレントになってしまって、面会を求めるのも気がひけます。（彼等がいゝという意味ではなくて、どういう人がいゝか意見をきくためにも会いたいとは思うのですが……。）Joll はもっとも近くにいる人で、話すのは簡単ですが、彼の興味はどうもヨーロッパ、それも近代、現代の intellectual history にあるようです。それに Subwarden〔副学長〕ですから、これまた非常に多忙です。やはり何とか Young 氏と折衝するのが第一と思います。

次にこれはまだまったく personal な御相談の段階ですが、先生御自身のことについて一応の御意見をおききしたい問題があります。St. Antony's では先般来、国際交流のための資金を方々から集める努力をしていますが、ロンドン駐在の大野大使が――息子さんが St. Antony's で世話になったという関係もあるのでしょう――尽力して、日本の商社関係を説き、五〇〇〇磅《ポンド》ばかりの資金を寄付しましたので、一応これを基礎に、（引続きイギリス商社関係に当っているようです）毎年一人位、日本の学者を、一学期から二学期位の期間〝呼ぶ〟計画があります。それですでに、今年の四月から、一橋大学の都築〔忠七〕氏（以前に St. Antony's に留学し、ハインドマンの研究を O. U. P.〔オックスフォード大学出版局〕から出版した人）が来ることに内定しているようですが、そのあと、具体的には今年の十月からはじまる Michaelmas Term 以後、一学期乃至二学期、つまり Hilary Term まで、先生に来ていただけないかという Hudson 氏、Storry 氏の意向なのです。これはまだ College の公式の meeting での話の段階まで行かず、それどころか、私はもっぱら Storry 氏とこのことについて話している段階にすぎないので、Storry 氏が手紙を出すよりも、まず私から可能性如何を先生に伺ってくれという同氏の依頼によって、内々先生の御意向をお伺いする次第です。条件など詳しいことは私も知りませんが、もちろん講義の義務などはなく、ただ滞在中一度くらい Hudson 氏のゼミで話をする程度でよいとの事です。宿舎は、私の場合と同様 College で提供しますから、食費や雑費を払えば、家賃はいりません。むろん Senior Common Room のメンバーとして扱われます。こちらの側でまだ strict にきまった話ではないので、決して確定的な御返事を急がれる必要はなく、おそらく私が帰国後に直接こちらの様子をお話してから最終的におきめになってもいゝのではないかと推測しますが、四月からの来学年度の後半の先生のスケジュールだけでもお洩らせ願えれば幸甚に存じます。（絶対に不可能という場合には、他の人選を考慮しなければなりませんから。）

実は内々の話を申上げますと、昨年末に憲法調査会の一行をつれて、松本馨氏[1]が St. Antony's に来られた際、ちょうど私と同期間ここに滞在している（但し早大からの留学として）、早稲田の石田教授（外交史）と一緒に、Hudson 氏や Storry 氏に対して、早大と St. Antony's との間に交換教授の制度を設けないかという話を熱心にもちかけられ、Storry さんも少々弱っていました。（おそらく丁寧に断るだろうと思います）、それやこれやで、この「日本資金」の運営については、とくにスタートが大事でその意味でも来年度は第一級の学者を呼んで、Standard を示した方がいゝというのが、Storry さんと私個人の全く一致した見解です。Hudson 氏もその意味で、もし先生が来られるようなら best だといっていた事を Storry 氏からききました。先生も御退官後いろいろ御仕事でひっぱりだことは存じますが、戦前のイギリスをよく御存知であればこそ、短期間でも休養かたがた、変貌した——あるいはしない——イギリスを御覧になるのも面白いのではないかと、押しつけがましいことながら愚考致します。

こちらは一時ほどの厳寒は去りましたが、依然として日中も零度をあまり越えない気候が続いております。私もそろそろ帰りの切符や荷物などの準備をしなければなりませんが、来週に Hudson 氏のゼミでの報告、その次には一回だけですが、University Lecture が控えていて、精神的に気ぜわしく、他の事には手がつきません。時々ロンドンに出かけても行く先は、大学か Museum か Covent Garden Opera〔ロイヤル・オペラ〕かほとんどきまっていて、まだロンドン塔も見ていない有様ですので、今の仕事が一段落したら、大急ぎで「観光」したいと思っています。

学年末で先生はじめ学部の方々は慌だしい日々を送っていられることと存じます。どうか呉々もお体に御留意下さい。

丸山　眞男

〔航空書簡・横書き〕PROFESSOR Y. OKA TOKYO, JAPAN
東京都大田区大森山王二丁目二六〇七番地
岡義武先生
ST. ANTONY'S COLLEGE, OXFORD TEL. 59651 の便箋使用

(1)　一九五七年七月に岸信介内閣が憲法調査会法（五六年六月公布）に基づいて設置した日本国憲法再検討のための審議機関。自民党・緑風会所属の国会議員二〇人および学識経験者一九人で発足（会長・高柳賢三、副会長・矢部貞治・山崎巌）。社会党は参加を拒否。同会は一三一回の総会を開き、公聴会や海外調査を実施、六四年七月に改憲論と改憲不要論を併記した報告書を池田勇人内閣と国会に提出、解散した。一方、大内兵衛、末川博、我妻栄、宮沢俊義（憲法調査会会長への就任要請を拒否）、南原繁、矢内原忠雄、湯川秀樹、丸山ら憲法調査会の活動に批

判的な学者グループは、五八年六月に憲法問題研究会を結成した。

65 掛川トミ子　一九六三（昭和三十八）年三月一日

三月一日

掛川トミ子様

再度のお便り有難くいただきました。とくに、前便の資料については、御多忙中に、あんなに丁寧にしらべて下さって感謝のほかありません。アメリカに行く時には、多少心掛けて、日本関係の書物やカードを持って行ったのですが、ほとんど全部、こちらに来る時に送りかえしてしまったので、弱っていたところだったのです。

風邪はもう大丈夫ですからどうか御心配なく。こちらの気候はやゝゆるみましたが、それでも摂氏零度を少し上下する程度の日が続いています。学期は三月十五日に終りますので、それからすぐ帰り支度をして、三月末のフライブルグにあるユネスコ主催の学会に間に合うよう、こちらを発たねばならぬというわけで、忙しい日がこれから続きます。

丸亀市在住の主婦の方のお手紙は非常に参考になり、また反省させられました。丸亀市では帰国後もオイソレとお会いするというわけには行かぬでしょうが、あなたと御相談の上、疑問点について何らかの方法で、お話し合いたいと思います。

私にたいする色々な批判が出ていることについては、外の人からも報らされておりました。帰ってからゆっくり目を通して考えたいと思っておりますが、正直のところ何とかもう少しソッとしておいてもらえないか、つまりlet me aloneという気持です。

目下、ゼミと大学講義（一回限り）を控えておりますので、ごく簡単に、お問合せの件をお答えします。

・如是閑[1]さんは唯研の第一回の会長（理事長？）であったことは確かで、研究プログラムを作る相談にも参加しています。

・同氏は政治的活動をする集団に参加しないという方針を一貫して持っていましたので、唯研も純アカデミックな団体であるという前提で加わったのだと思います。

・同氏はもっともラヂカルな時代（雑誌『批判』に拠った時代）でさえ、主観的にも、客観的にも、マルクシストではなかった。ただし唯物論者とはいえるでしょう。マルクス主義の文献も読んだことがないというのはいいすぎで、ドイツ観念論からマルクス主義への流れに一度も接近した事がないということを強調するために、そういわれたのでしょう。

・同氏が思想的に「転向」したかどうかということは、むろん本人の主観的な気持や追想で決まることではなく、客観的に検討すべきことです。ただ左翼運動華やかなりしころでも、「左翼の連中が金をもらいにきて困る」とこぼしていましたし、事実いつも断っていたようです。（したがってシンパの嫌疑で検挙されたときも、金銭関係に関しては事実無根と分ってすぐ釈放されたように記憶しています。）また盟友大山郁夫[2]氏の労農党入りにも反対でした。

・氏は日本人がすぐ西洋の学者や学派のカテゴリーに入れて人の思想を見たがるのをいつも慨嘆していました。だからたとえばマルクス主義でなくとも、「あなたはプラグマティズムに影響されましたか」とか、「スペンサー主義者ですか」とかいうふうな問い方をしたらやはり否定するでしょう。「俺の考え方はプラグマティックだけれど、プラグマティズムはこまる」とか「スペンサーはよく読んだだけだ」というでしょう。

・インタヴュについては、私も戦後に、時折訪れた際に昔話をきいてみるのですが、人名を非常に忘れておられます。それに自分を語るより人や事件、エピソードのことを語るのを好まれるのではないかと思います。その話のなかに自然に自分の話がでて来るのです。直接政治的な話は避けて、大正・昭和の新劇・歌舞伎の話とか、日本の新聞の「学芸部」の特色とか、それもなるべく具体的にきいたらいゝと思います。いままであまり書かれていない時期は、「学芸自由同盟」とか、唯研前後から検挙まで、それから中央公論社長がやった「国民学術協会」(戦争中)の話などですが、どこまで引き出せますか、私には分りません。

以上あまりお役に立ちませんが、とりあえず。

末筆ですが、助手になられたことを心からお喜び申上げます。

丸山　眞男

〔航空書簡・横書き〕MISS TOMIKO KAKEGAWA
TOKYO, JAPAN
東京都新宿区弁天町一五七　やよい荘内

掛川トミ子様

M. MARUYAMA

St. Antony's College, Oxford, England

（1） 長谷川如是閑　一八七五—一九六九。ジャーナリスト。「如是閑さんと父と私——丸山眞男先生を囲む座談会」（『丸山眞男集』第十六巻）。

（2） 大山郁夫　一八八〇—一九五五。政治学者、社会運動家。「思い出すままに——大山郁夫回想」（『丸山眞男集』第十一巻）「大山郁夫生誕百年記念に寄せて」（『丸山眞男手帖』一号、一九九七年）。

66　岡　義武　一九六三（昭和三十八）年三月十七日〔オックスフォード消印〕

岡義武先生

荷造りの合間にとりいそぎ一筆致します。第一の件は、前便に書きました、先生をカレッジにお招きする件で、時期の点が不正確でしたので訂正致します。前便に、「本年十月—十二月又は来年一月—三月」と書きましたのは間違いで、その後〔リチャード・〕ストーリーさんとの話では、「一九六四年十月の新学期以降」という意味であることが分りました。つまり「ネクスト・イア」というのを、私は文字通り来年と思いました（この話をストーリーさんと最初にしたのは昨年のクリスマスの時です）が、六三年には一橋の都築〔忠七〕氏が来るという話がそれ以前から出ていて、同じ年度に二人は呼べないので、その次の学年度ザ・ネクスト・アカデミック・イアという意味だったわけです。「アカデミック」の形容詞をしばしば省いて話すので、一層こんがらがったわけです。しかし趣旨は前便に書きました通りで、「岡先生をまず呼べば、このプロジェクトのスタンダードを示すことになる」とストーリーさんははっきり言っていました。都築氏は以前にここにいてカレッジにはなじみ深い人なので、そういう親類縁者でない「外部」の人として最初に誰を呼ぶかということにストーリーさんは頭を悩ましていたところに、私がひょっと先生の名前を出したら、膝を打ってそれがいゝという事になったわけです。前便に書きましたように、日本側からすでに「売込み」もあり、また「先生を……」という話は、カレッジ内でもまだインフォーマルな段階（不確実という意味ではありません）にありますので、どうか、「セント・アントニーズから話があった」ということは当分の間はごく御親しい方々以外には——とくに東大以外には——内密にお願致します。六四年度内のMichaelmas T.（十月—十二月）か Hilary T.（一月—三月）か、Trinity T.（四月—六月）という点はまだ今後十分お打合せの余地がありますので、とりあえずストーリーさんには、先生の前便の趣旨にしたがって「時期がリジッドでなければ、積極的な方向で考慮したい」御意向であることをお伝えしておきます。あとの事は私の帰国後、具体的なことを直接お話致したいと思います。

第二の、ロックフェラーの件は、坂本〔義和〕君との数次にわたる電報往復で、すでに御承知と存じますが、本日（十六日）までのところ、「一九六四年の春か秋に、四週間から八週間までの期間滞在したい」というのが〔ジェイムズ・〕ジョルの申し出です。私はごく個人的に打診したつもりだったのですが、ジョルが Sub-Warden〔副学長〕という多忙な地位にいる関係上、私が話した翌日——

つまり、私の university lecture の当日に、Warden〔学長〕(Mr. Deakin) とストーリーさんにすぐ相談したようで、その晩のパーティで、ジョルから原則的内諾の意思表示があり、また、Warden も Storry も大変喜んでくれたので、そこまで忽ち話が発展したのかとかえってこちらが目を白黒した位です。何しろ至急のことなので、ウォーデンにもストーリーさんにもジョルの件を相談する暇がなく直接談判でダシ抜いたような恰好になったのは個人的にすまなく思っています。パーティの席で彼は冗談に、「俺に一言も前以ていわないのは水臭い」といわれました。しかし彼は実にさっぱりとした男ですから、この話を本当に歓迎してくれています。こういう経緯がありますから、ジョルがヤングの第二候補だったということが分ると、極めてまずいので、「ヤングと関係なく、同じプロジェクトで独立にジョルを呼ぶ計画があり、その結果、ヤングの方はロックの異議でこられなくなった」という建て前を通すことが必要と思われます。ヤングに断る件は旅先で、坂本君にまた便りしますが、「ロックが後になってものいゝをつけた」と率直にのべる以外に方法はないと思います。以上とりいそぎ……。

（私は先日来ゴタ〱で荷造りが遅れたので、二十七日まで OXFORD にいます。）　丸山

〔航空書簡・縦書き〕PROFESSOR Y. OKA TOKYO, JAPAN
東京都大田区大森山王二丁目二六〇七番地
岡義武先生

M. MARUYAMA
St. Antony's College, Oxford, England

67 今井壽一郎*　一九六三（昭和三十八）年六月九日〔消印〕

しばらく御無沙汰しました。三月末にオックスフォードを発って、フライブルグのユネスコ学会に出席ののち、アテネ・イスタンブール・香港を経て、四月十七日に一年半ぶりで帰って来ました。まだ留学中の整理にかなり時間がかゝりそうですが、体をこわさぬよう、スローテンポでやって行こうと思っています。御送付下さった目録(1)まことに私自身にとっても便利なもので、これを作られた御苦労と御厚意は身にしみてうれしく感じます。べっ見して私自身気のついた個所もありますから、そのうちに書き込みをお送りします。ジャーナリズムの高級（?）井戸端会議にすぎない丸山論には「どうかそっとしておいてくれ」というほかありませんが、地方の真面目な方々が、読書会などで持たれた疑問や質疑にたいしては、今後できるだけ、なんらかの方法でお答えして行きたいと思っております。御健勝を祈ります。

〔葉書〕岡山市広瀬町二三一九　眞風荘32号
今井壽一郎様
武蔵野市吉祥寺東町二ノ四四ノ五
丸山眞男

＊ 今井壽一郎　一九二七―。長野県松本市生まれ。県立長野中学校（現・長野高校）から海軍兵学校、旧制第四高等学校を経て一九四八年東京大学法学部政治学科（のち法律学科）入学。五三年卒業後、農林中央金庫に入り、金

沢支所長、検査部長等を歴任、八五年長野市長選出馬のため退職。以後、長野県議、同市議、長野大学講師（地域政策論）等を経て、現在は市民オンブズマン長野の会代表。主な編著書等に、『丸山眞男著作ノート』（正・増補版）『会津八一と松坂帰庵』（再版）『私の議会報告・私の人間観』。「押しかけ弟子と丸山先生」（『丸山眞男集』第十二巻・月報）。座談会「丸山理論と現代の思想状況」（安東仁兵衛、今井壽一郎、松本三之介、安田武『現代の理論』一九七二年五月号）。なお、丸山は、今井の長野市長選立候補に際し、「僕がいままで引き受けたことのない選挙候補の推薦を、君に限って引き受けます」という暖かい推薦のことばを送っている（『丸山眞男集』第十六巻）。

（今井壽一郎）

（1）『丸山眞男先生著作目録㈠』（私家版 一九六三年四月）。後にこれは「丸山教授著作目録」（『歴史と現代』第三号、一九六三年十二月）を経て『丸山眞男著作ノート』（一九六四年、図書新聞社）にまとめられた。

68 鎮目恭夫＊

一九六三（昭和三十八）年八月〔消印・日不明〕

御手紙拝見しました。小生は七月二十四日の集会には出席できませんでしたので、それが「いわゆる朝鮮平和統一運動の一環とみなされる集会」だったかどうかは存じません。小生はただ南北をとわず朝鮮との自由な人事往来を促進することに基本的に賛成なので、その限りにおいて賛意を表しました。およそこの種の呼びかけや署名運動は発起人の文章に百パーセント賛成でなければ協力すべきでないというふうには小生は従来も考えておりません。小生の経験では、むしろそういう場合はありえないのです。賛成といっても必ず一定の留保をつけた賛成です。もし運動の発展の方向が基本的に小生の考え方とちがって来た場合には、脱退するだけのことです。小生は「運動」というものは本来そういうものだと思っております。

なお、「南朝鮮との往来は自由」という御考えについては、小生の狭い見聞の範囲でも若干異議があります。小生の大学院ゼミナールに南朝鮮からの留学生も参加しておりますが、他国人なら当然許される筈の滞在期間の延長（ヴィザの再交付）もなかなか許してくれません。

貴方のいわれる第二点については、十分考慮さるべき問題と思います。性急な統一運動、あるいは実質上一方の他方への無条件降伏を意味するような「統一」は、現実の国際政治のダイナミックスのなかでは、しばしばヨリ激烈な形の反動をよびおこす結果になります。けれども、ドイツや朝鮮のように、冷戦の継続を前提として一つの民族を人為的に二つに引裂いた形態が、果してあなたの主張されるような「二つの政治制度の平和的共存」という方式におさまるかどうか、おさめるべきかどうかという点には疑問なしとしません。米ソ、あるいは東欧と西欧というように、歴史・文化・伝統を等しくしない地域にそれぞれ異った——あるいは対立する——政治制度が根付き、共存して行くケースとは同視できないと思います。以上意を尽くしませんが、ただ小生が敢て自由な人事交流に賛成した根拠と条件を御返事にかえて申しのべた次第です。

酷暑の候、御健勝をお祈り致します。　草々

丸山　眞男

鎮目恭夫様

〔封書〕武蔵野市吉祥寺北町一ノ六五三

鎮目恭夫様
武蔵野市吉祥寺東町二丁目44の5号
丸山眞男

＊　鎮目恭夫　一九二九―。一九四七年東大物理卒の数年後から自由業の翻訳家・評論家として二十世紀後半の科学の自然像および政治問題を論評す。丸山さんとは自転車で五分の距離に住んでいたが、交際は結局文通のみに終わった。（鎮目恭夫）

69　木下順二　一九六三（昭和三十八）年十月十九日〔消印〕

「沖縄」(1)を昨夜見せてもらって、久しぶりにずっしりした手ごたえを感じました。君はどう思うか知らないが、少くもあそこに表現されている限りのイデーは僕が考えて来たことと驚くほど一致している。ただ僕は「縄を一度きらなければ結びつかない」という事を、ヤマトとオキナワだけでなくて、いわゆる土着的なものと知識人との関係についても感じているだけだ。それにしても僕は芝居のはじまった最初から、これはせりふそのままでオペラになるなという気持につきまとわれた。むろん「夕鶴」のオペラのような、原作のきびしい倫理性をセンチメンタリズムに解消しちゃったような（だから大衆性はあるが）代物ではなく、後期のヴェルディまたはワグナーの出現を必要とするようなオペラだ。僕にもし技術的才があったなら、無調音楽で作曲するね。今度ドイツ・オペラでやる「ヴォッツェック」〔アルバン・ベルク作〕をロンドンで見たとき、無調オペラであれほど人間的感情を表現できるものかと感嘆した。沖縄のせりふは地でしゃべるには美しすぎる（だからこそ断然山本〔安英〕さんはすばらしかったが）。では又。

〔葉書〕都内文京区駒込千駄木町五〇
木下順二様
ムサシノ、吉祥寺三一九
丸山眞男

（1）「点の軌跡――『沖縄』観劇所感」（『丸山眞男集』第九巻）。

70　安光公太郎　一九六四（昭和三十九）年一月一日

新年おめでとうございます
昨年四月イギリスより帰国いたしましたがどちらにも御無沙汰のまま今日に至りました　ひとえに御容赦の程願上げます
皆様の御健勝をお祈り申上げます

一九六四年一月一日

武蔵野市吉祥寺東町二丁目四四〜五
丸山 眞男

〔年賀状・印刷〕都内世田谷区下代田一九七
安光公太郎様
武蔵野市吉祥寺東町二丁目四四〜五
丸山眞男

71 宮田 光雄 一九六四（昭和三十九）年一月二十四日

旧臘はお手紙なつかしく頂戴しました。貴君とは入れちがいでヨーロッパでお目にかかることができなかったことは本当に残念です。今度御上京の折は是非研究室なり拙宅なりに御連絡下さい。久しぶりに歓談の機を得たいと存じます。

ところで東北大講義の件ですが、実はつい一両日までは原則的にお引受けしようと考えていて、ただ七月がよいか、夏休あけがよいか、まだ決しかねていたので御返事できなかったのです。ところが、七月下旬に、イタリーのコモ湖で、十日間ばかり「過渡期社会におけるデモクラシー」という題の国際円卓会議に招ばれ、おそらく辻〔清明〕君も一緒に出席することになると思います（これはまだ正式には教授会の議になっていませんので、世良〔晃志郎〕君あたりには個人的にお話になって結構ですが、その旨お含み願います）、その会議には従来の知人の関係もあって出席せざるをえないので、そうしますと、夏休のこれまで考えていたスケヂュールを組直さねばなりません。出講が九月でしたら、時間的には不可能ではないと思いますが、他の仕事との関係もあって、ちょっと辛いのです。実は北大からも同様の話がありますので、一方だけ引受けるというほどの理由もありません。それで申訳ありませんが、今年度（一九六四年度）は御勘弁願えないでしょうか。そのかわり来年度も、もし御希望なら優先的に考慮致します。

それと同時に、甚だ虫のいゝ話ですが、狩野文庫の資料を現在やっておりますす仕事の関係で一度拝見に行きたいと思っております。この方は六月末―七月初めになるか、それとも八月にイタリーから帰ってからになるか、まだハッキリしておりませんが、いずれその折あらためて世良君にもお願いしたいと存じます。講義を引受けなければ来る事まかりならぬという仰せなら、頭をかいて引込みますが……。以上簡単ながら近況御報告とともに、事情の御諒承をお願い申上げました次第です。世良君その他の方々にくれぐれもよろしくお伝え下さい。

一月二十四日

丸山　眞男

宮田光雄様

〔封書・速達〕仙台市片平町　東北大学法学部研究室
宮田光雄様
武蔵野市吉祥寺東町二丁目44の5

72 木下順二　一九六四（昭和三十九）年二月十日〔消印〕

御手紙ならびに、書評切り抜きまことに有難くいただきました。書評は英誌に載った三、四程は知っていたが、ブランデン先生(1)のまでは気が付かなかったので一層御好意を感謝します。神経痛はどうも脊髄に原因があるらしく、レントゲンをとってもらう筈。ツムジの曲っているのは色々な人が色々な薬や療法をすゝめるので却って決断ができない。貴兄も御自愛あれ。

丸山眞男

〔葉書〕都内、文京区駒込千駄木町五〇
木下順二様
ムサシノ、吉祥寺東町二丁目44の5
丸山眞男

（1）　ブランデン先生　Edmund C. Blunden　一八九六―一九七四。イギリスの詩人・批評家。一九二四―二七年東京帝国大学で英文学を講じた。戦後もイギリス政府文化使節として来日（四七―五〇年）、その後もたびたび来日した。ブランデンのそれをはじめ、『現代政治の思想と行動』英訳本の書評五篇は松沢弘陽訳・解説により、『後衛の位置から』（一九八二年、未来社）に、附録「日本と西欧との対話」と題して収められた。

73　中村智子*

一九六四〔昭和三十九〕年二月二十一日

旧臘十五日付のお手紙をいたゞきながら、ズルズルと今日までそのまゝにしましたことをまづお詫びします。一月からずっと神経痛で寝たり起きたりだったものですから生来の無精が一層嵩じてしまいました。先日レントゲン検診の結果、脊椎分離症と診断されましたが、べつにコレといった治療法なく、毎日起きると腹帯をしめ、古武士のごとき身支度で出勤しています。目下は異状ありません。

ところで御要件のうちまづ第一の、「現代における位置」の点は、たしかにまだ御手紙をいたゞかないうちに、偶然本郷前の喫茶店でお目にかゝった折に伺い、すでにその折御返事したと思いますので触れません。

第二の『思想の科学』に関する執筆拒否の件。私は同事件に対する私なりの批判をもっていますが、それと一応別に執筆拒否という事についての私の考を申上げます。『中公』については以前に現在岩波にいる大野〔欣二〕君や海老原〔光義〕君と前社長〔嶋中雄作〕との間にトラブルがあったときに同様の問題がおこり、当時長島君なども拙宅に来られて残留組（？）の苦衷を訴え協力を依頼されたことを記憶しております。その折の経験から考えても、また一般論としても集団的な執筆拒否運動ということは事実上長くつゞいたためしはないし、また、私個人の趣味としても、そういうことはあくまで自分ひとりの問題として対処すべきで、他の執筆者にいかなる形でも心理的圧迫を与えるような形の呼びかけをすることは好みません。(『思想の科学』の人達がそうしたというのではありませんが。)と同時に、あの事件を契機に、自分は書かないといっている人達の立場もそれなりに尊重したいと思います。もし中公編輯部側でそういう人達(具体的に誰々であるか私はつまびらかにしませんが)にも是非執筆陣に加わってもらいたいというのであれば、個々的に会って、相互に再執筆についての条件を提示して打開をはかればいゝでしょう。漫然と「話し合って諒解を解く」といった円満主義的解決は私はきらいです。またそんなムードで一旦執筆拒否を明らかにしながら、ズルズルと再執筆するような筆者があれば私は軽蔑するだけです。執筆拒否ということに関する私の意見をいえといわれれば、以上のようにお答えするほかありません。

私個人が「解禁」(?)後に書くか書かないかは、思想の科学事件と別個に考えたいと思います。(いわゆる廃棄事件の時に私は不在でしたので、『思想の科学』それ自体に対して会員としての私も最後的な態度決定を留保しています。)一年間執筆しないというのは、むろん一年間という時期に特別の意味があるわけではありません。当分の間というほどの事です。そうして事実問題として、本年度上半期には、いかなる雑誌にも長い原稿を書く余裕はなさそうです。しかしそれと別に、『中公』に対しては私はどうもまだ書きたいという気持がおこりません。これは特定の料理に対して食欲が湧かないというのと同じで、いくら食欲をおこすべきだといわれてもどうにもならないことです。何故かといわれてもなかなか「分析」できませんが、その根底に、『中公』編輯部が執筆者との関係ということについて根本的にどういう考え方をもっているかという問題が私の気持の中には以前からくすぶりつゞけているという事情が作用しているのかもしれません。この問題は、あなたがまだ『婦公』にいられた時に雑談した記憶があります。

私は、少くも総合雑誌の編輯者と執筆者との間にはミニマムの相互信頼の関係があるべきだと思っています。編輯者といったのは、個々の編輯者のことではありません。個々の編輯者なら、中公でもこれまでそういう信頼関係を裏切られたような記憶のない人が私自身についてはいつもおりました。しかしたとえば、Aという編輯者がXという執筆者に、安保問題について誠意を以って、×号にこれこれの問題を扱ってくれということを依頼し、極端な場合には「哀願」したとします。Xはそれを引き受けた場合、彼はAに対して引き受けたのではなく、編輯部全体に対して引き受けたわけです。ところが編輯部の中でも比較的責任ある立場にある人が同じ時期にXの言動に対して冷笑的な言辞をはき、それがXの耳に入ったとします。Xとしては編輯部に対して不信感をもつのは当然ではないでしょうか。Xは個人の場合もあるし、特定のグループの場合もあるでしょう。私個人については、そんなにひどいケースにぶつかった事はありませんが、少くもそういうことが他の人、あるいは一定のグループに対しては過去に少からずあったのです。『世界』と『中公』とくらべた場合、私はハッキリ言って『世界』の編輯部の方に右のような意味での信頼感を感じます。それは『世界』の編輯内容のつまらなさということとか、他方、『中公』の世上取沙汰される「民社的」イデオロギーといったこととは全く別の問題です。『世界』の編輯部はどんなに泥臭くても、少くも『世界』の全執筆陣に対して、全編輯者がミニマムの信頼感をもっています――というよりそういう信頼感の持てない人にははじめから依頼しません。一方でお百度ふんで原稿をたのみながら、他方ではかげ口をきいているというような光景は想像できません。総合雑誌――というコトバが日本的なら、「クオリティ・ジャーナル」といいかえても構いませんが——の編輯は、売れっ子であるなら誰でもいゝ、自分は虫がすかないけれど、読者をふやすためにはあいつにも書かせなければ……といった態度で編輯さるべきものとは思われません。（コンマーシャリズムの国といわれるアメリカのクオリティ雑誌の編輯態度には、そういう意味でのコンマーシャリズムは日本に比べてはるかに少ない。）これが私の誤解なら幸いです。しかし、執筆者の誰々には、編輯者のなかの誰々が出向くといった固定的な人的な分担のようなものがあること自体が、右のような傾向と無関係ではないと思います。むろん個人的な親疎関係の差があるのは当然ですが、いわゆる進歩派には進歩派の編輯者を派遣し、中庸派（?）には中庸派の編輯者を派遣するといった事がなかったといえるでしょうか。そうして全体としてはできるだけ「ハバ」をひろくして売りまくろうというのでは、あまりに商魂たくましすぎませんか。商魂第一主義ならそもそも『中公』など早く廃刊し、いや元来あまりもうからない出版業自体を廃業するに若くはありません。

右のことは世上いわゆる中公の「右より」という批評とは独立した次元で言っているつもりです。右とか左とかいうイデオロギー的態度についていうならば、むろん党派雑誌ではないから、あまり狭くなるのは感心しませんが、右よりなら右よりでいゝじゃありませんか。自づから出て来るイデオロギー的色彩はかえってその雑誌の個性を浮き出させます。『世界』と『中公』がその点で多少ニュアンスのちがう方がかえって面白い。それを一方で『世界』的なものをそっくり抱擁し、他方で『自由』や『文春』的なものもおりまぜようという「全体主義」は虫がよすぎるだけでなく、結局ますます無性格になって行くだけです。

第三のあなた御自身のプライヴェットな問題については、またお会いした折にお話することにしましょう。ただ現実問題としては、H君は——種々の個人的な理由から——結婚問題に熱意がないようです。藉すに時日をもってすれば分りませんが、今の彼としてはおよそそういうことを考えたくないという気持でいるのも、多少とも色々な事を知っている、私としては無理がないと思います。私はおよそこういう種類のお世話は苦手の人間ですが、今後ともあなたの将来のことは心にとめておいて、何かサジェストすることがあればいたしたいと思います。

では今日はこれで失礼。毎日答案採点でうんざりしています。

お元気で。

二月二十一日

丸山　眞男

中村智子様

〔封書〕中村智子様
丸山眞男

＊　中村智子　一九二九年生まれ。一九五二年、日本女子大英文科卒業、中央公論社入社。『婦人公論』、『思想の科学』、『中央公論』、書籍編集部勤務。丸山門下生が男友達だったので、先生からも「智ちゃん」と呼ばれ、風流夢譚事件の頃は、特に支えて頂きました（中村智子『「風流夢譚」事件以後』、一九七六年、田畑書店参照）。
（中村智子）

74　宮田 光雄　一九六四（昭和三十九）年五月十二日

宮田光雄様

その後御無沙汰しましたが、御元気の御様子なによりと存じます。

先般は、御高著『西ドイツ』(1)をいたゞき、有難く御礼申し上げます。西独について書かれるものには、私の直観（具体的知識が乏しいため）で判断してもどうもマユツバものが少くなく、困ったことだと思っていただけに、貴著は乾天に慈雨といっても過言ではないでしょう。（名前をあげては悪いけれど、林健太郎君のちかごろドイツについて書くものなど、あそこまで「党派的」「イデオロギー的」になってしまったのは、皮肉ともいたましいともいいようのない感がします。）貴兄の西独分析が面白いということは、岩波の会合で御一緒だった藤田省三君もしきりにいっていました。

ところでまことに急なことで恐縮ですが、一寸お伺いしたいことがあります。それは岡〔義武〕先生がイギリスに発たれる直前に伺ったS君の人事の件です。岡先生のお話では、「もし宮田氏が上京して君〔丸山〕に同君のことをきかれたら、然るべきインフォメーションを同氏に提供してくれ」ということでしたので、喜んで承知しましたが、いずれ学会ででもお会いできると思って、特別に貴兄に御連絡もしませんでした。ところが先日来、新らしいファクターが生じました。というのは、S君の大学院時代の育英資金の最終的返済期限が、六月中旬ということが判明し、御承知のように、それまでに育英会の指定する教育研究機関に勤務しないと全額返済しなければならないのです。この問題については社研の林茂教授とも相談していますが、おそらく現実問題として東北大の話がそれまでにまとまって発令されるということは困難ではないかと想像されます。(私はどの程度に話が進捗しているかくわしいことは全く知りませんが。)とすれば、急遽、かりにでもどこかへ「籍」を置く必要があるわけです。ただ、それについても、東北大の方の話の進捗のテンポ、具体化される蓋然性の程度、その時期といった事について現在の時点での大体の見透しをもって、そういう「籍」をさがさないと、籍をおいたこと自体が、東北の方の話の支障になっては、S君に気の毒な感じがします。目下のところ、なるべく「無害」な、つまり育英会の方の形式さえととのえば実質的に就職しなくてもよいような「籍」はないものかということを、林君と検討しており、その可能性がないわけではありません。

ただ、それにしても、前述したような東北大の方の情報をお差支えないかぎりお洩しいただければ、当方で差当りの処置をきめるうえに大変助かると思って、その点をお伺いしたく存じます。申すまでもないことですが、育英会問題をテコにして、東北大の方を「催促」するというような意図は毛頭ありません。ただ、ありのまゝの事態と、考えられる見透しとを知ることがお伺いの目的なのです。おそらく御返事を手紙で出されても、学会で御上京される時日と変らないと思いますが、一日でも早い方がと思って、このお便りを差上げた次第です。私は生憎学会第一日午前が兄の結婚式とぶつかり、親代りでどうしても抜けられませんので、その日は出られるとしても午後遅くになると思います。夕方からは自宅におります。また十五日(金)は、午前中及び夜は在宅しております。〔中略〕恐縮で

すが御連絡のほど、お待ち申しております。いずれお目にかゝりました上で。　草々

五月十二日

丸山　眞男

〔封書・速達〕仙台市片平町　東北大学法学部研究室

宮田光雄様

武蔵野市吉祥寺東町二丁目44の5

丸山眞男

（1）『西ドイツ――その政治的風土』（一九六四年、筑摩書房）。

75　橋川文三*　一九六四（昭和三十九）年六月十八日〔消印〕

御元気と存じます。

『歴史と体験』(1)をまことに有難く拝受しました。お世辞でも皮肉でもなく――こういう断りがきが必要なのは残念！――楽しい本です。著者の考え方がよくわかるからです。何を書いているのかさっぱり分らぬ文章が「思想」の名において氾濫している現在に、とくにこのことは意味があります。あとがきのウェーバーの宗教社会学の引用をもっと発展させることを今後貴兄の御仕事として期待します。

〔葉書〕都内、世田谷区世田谷三ノ二四三七　植野様方
　　橋川文三様
東京都武蔵野市吉祥寺東町二丁目四四の五
　　丸山眞男

＊　橋川文三　一九二二―八三。政治学者。日本政治思想史を対象とするが、脱領域的ひろがりの展望で知られる。『日本浪曼派批判序説』を雑誌『同時代』にのせ、のち単行本（一九六〇年）。「『日本浪曼派批判序説』以前のこと」（『丸山眞男集』第十二巻）。〔編集部〕

（1）『歴史と体験』（一九六四年、春秋社）。

76　宮田光雄　一九六四（昭和三十九）年七月二十日

先日は御鄭重なお便りをいただきながら、休暇前の雑用に追われて御無沙汰致しました。S君の件では一方ならぬ御配慮をいただき有難く存じます。岡〔義武〕先生も数日中に帰国されますので、さぞ安心される事でしょう。しかし〔中略〕こちらの雑用のため小生の予定がきまらず、御連絡がおくれましたが、七月二十七日ひばり号（上野発一六時三〇分、仙台着二一時二五分）でまいります。夜分ですので、御出迎え等の御心配はくれぐれも御無用に御願しますが、もし今からでも適当な宿があれば予約をお願できれば幸甚の至りです。まだ厳密なスケジュールは立てておりませんが、一週間―十日

位の間に集中的に狩野文庫をあさって、必要なもののマークだけでもつけておきたいと思います（一応ニコンFも持って行きますが、はなはだ技術がたよりないので、複写方法についてはお会いしてから御相談したいと存じます）。宿は特別の注文はありませんし、非常に高くさえなければ、普通の宿屋で結構です。

なお、もし書庫立入りのため、証明書其他必要なものがあれば、学部長を通じて正式の御依頼を御送り致しますから、恐縮ですが、要否をお知らせ下さい。

世良〔晃志郎〕君その他旧知の諸兄にお会いできるのをたのしみにしております。

取り敢えず御報らせまで。　草々

七月二十日

丸山 眞男

宮田光雄様

〔封書・速達〕仙台市北五番町一六三
宮田光雄様
武蔵野市吉祥寺東町二丁目44の5
丸山眞男

77　西田　毅＊

一九六四（昭和三十九）年八月一日〔消印〕

七月二十三日付お手紙拝見しました。講演会の方はとくに大学関係の依頼が多く、これを全部承諾するとなると、文字通り講演屋になってしまい、さりとて取捨する適当な規準もありませんので、やむなく当分の間全部お断りしております。しかし懇談会の方は、機会があれば是非貴兄はじめ他の研究者の方々とお会いして、率直な御批判をうけたまわりたいと存じます。ただ問題は時日のことで、冬学期には私の学部の講義・演習が集中していますので、なかなか暇が取れないと思います。冬学期終了後つまり、来年二月以降にしていただきたいというのが当方の希望です。その折は改めてお打合せ致します。とりあえず右まで。

〔葉書〕京都市上京区烏丸今出川、同志社大学法学部研究室
西田毅様
武蔵野市、吉祥寺東町二丁目44の5
丸山眞男

＊　西田毅　一九三六年生まれ。同志社大学教授。一九六四年秋、丸山眞男氏を同志社法学会主催の講演会に招待。その後、丸山氏が東大で主宰する研究会「ＶＧの会」に入会、八〇年代半ばまで約二十年、研究会で指導を受ける。一九九一年夏、渡英直前に熱海で歓送会を開いていただいたのが最後の会見になる。（西田毅）

78　家永三郎　一九六四（昭和三十九）年〔月日不明〕

前略、先般は、待望の美濃部研究(1)をお贈りいたゞき、まことに有難く存じます。ムサシノは都内にくらべて郵便遅配が甚だしく、（もっとも私の筆無精を棚にあげて当局にすべての責任を負わせるつもりはありませんが）こんなに御礼申上げるのがおそくなってしまいました。今さらいうのもおかしい事ですが、貴兄のエネルギッシュな御仕事（しかも本格的な！）には、ただただ驚嘆のほかない思いです。熟読のうえ、いずれ思想史研究会(2)でとりあげるでしょうから、その時にでも感想をのべさせていただきます。歴史家家永三郎に今後期待する事は多々ありますが、その一つに、これまでは植木枝盛以来（あるいは溯れば夏目漱石論以来）人物論としては善玉を扱われて来たのですが、このへんで悪玉もしくは「敵」の人物を扱ってみられたらいかゞでしょう。盛夏の折り、ご健勝を祈ります。

〔葉書〕都内練馬区東大泉町903
家永三郎様
ムサシノ、吉祥寺、東町二丁目44の5
丸山眞男

（1）『美濃部達吉の思想史的研究』（一九六四年七月、岩波書店）。
（2）一九六〇年九月に結成された研究会。家永、上原専禄、内田義彦、大塚久雄、佐々木斐夫、竹内好、野田良之、丸山らがそのメンバー。

79 宮田 光雄　一九六四（昭和三十九）年八月二十二日

相変らず東京は猛暑がつづいておりますが、仙台はもう秋風が立ちそめたころと思います。

先ずもって、仙台滞在中の御礼が今日まで延引したことをおわびします。福島の友人のところには、二日滞在して帰京したのですが、カラー写真の「妙技」を一緒にお送りしようと思って待っているうちに、今度はちょっとした岩波の仕事で熱海にカンヅメになってしまい、昨日やっと写真屋から持ちかえったような始末です。ところが、やはりタイムを遅くしたので、ブレができ、御覧のごとく待ち甲斐のないようなものができあがり、こんなことなら延引するほどのことはなかったと後悔しています。どうかこれで私の腕前を判断しないようお願します。

仙台では本当に何から何まで御配慮に与り、御礼の申し上げようもありません。御仕事を大いに妨害する結果になりましたが、おかげで、こちらは、最近にない楽しくまた収穫のある日々を過すことができました。それにつけても、比較をするのがどだい無理といえばそれまでですが、われわれ東京にいる連中は、あなた方が上京してきても何という不愛想な扱いしかしないことか、とつくづく考えさせられます。

神経痛の方はその後再発もせず、どうやら今回はおさまったようです。御紹介いたゞいたマッサージのお医者さんにはまだ行きません。現金なもので、いざ困らないと、なかなかかけつける気にならないものです。

では今日はこれで失礼します。御礼が遅れましたことを重ねておわびします。奥様にどうかくれぐれもよろしく御伝え下さい。　草々

八月二十二日

丸山　眞男

宮田光雄様

〔封書・速達〕仙台市北五番町一六三
宮田光雄様
武蔵野市吉祥寺東町二丁目44の5
丸山眞男

80　世良晃志郎　一九六四（昭和三十九）年八月二十六日〔消印〕

東京は台風気味にもかかわらず、堪えがたいほどムシムシする日が続いていますが、そちらはもう秋風が立ち初めた頃と思います。

仙台では大変おもてなしに与って恐縮しました。なにより貴兄と久しぶりに歓談できたのは、このうえない喜びです。もっと時間の余裕がなかったのが残念です。こんどは東京で飲み——といっても

もっぱら私はダベリで対抗するほかありませんが――直しましょう。

写真ができるのを待っていたので、御礼が遅れました。やはりフィルターをつけないと、あゝいう天気ではダメです。ビアホールで撮ったのは見事に失敗しました。願わくばこれを以って私の実力を推測せざらん事を！

御元気を祈ります。

丸山 眞男

世良晃志郎様

〔封書〕仙台市 東北大学法学部研究室内
世良晃志郎様
武蔵野市吉祥寺東町二丁目44の5
丸山眞男

81 西田 毅 一九六四（昭和三十九）年九月三日〔消印〕

御便り拝見しました。御尋ねの件だけとりあえず御答えします。

第一、貴兄御立寄りの日について。私は九月十一日夜（金）または十二日（土）午後四時―五時半なら空いています。前者の場合は自宅（西荻窪から吉祥寺行バスで東京女子大前下車、女子大正門前を通って、右側ポストのある角を、女子大に沿って右にまがり、一町程歩いて、東町二―44の標示板のある横町を左にまがり、左二軒目）、後者の場合は、法学部研究室におります。十一日午前中に自宅に電話下さっても結構です。

第二の京都行の件はお会いして御相談したいと存じますが、十月は中旬から冬学期がはじまるので、せいぜい五日六日位しかあいていません。

二月はこちらも試験期なので、できれば避けたいのです。学生諸君には申訳ありませんが、他大学の場合もお断りしていますので、もし前記十月五、六日がダメなら、今学年度は断念して下さい。

〔葉書〕札幌市西岡四〇ノ一九、梶谷様方
西田毅様
武蔵野市、吉祥寺東町二丁目44の5
丸山眞男

82 都留重人　一九四九（昭和二十四）年九月十六日*

謹啓、御無沙汰致しました。いつぞやはノイマンの本(1)を御配慮有り難く存じました。ナチの分析として卓抜だと思います。恐らくシューマンのもの以上でしょう。

さて、今日は一つ御願ですが、信濃教育会の北信聯合大会がこの秋開かれるので、そこで貴兄に、御講演を是非御願したいということなのです。御多忙中重々恐縮ですが、とかく観念的になりがちな信州の先生になまなましい経済的現実の学問的分析をきかせることは非常に大事なことと思われますので、御都合がつきましたら、何とか出掛けてやって下さいませんか。この手紙を持参するのは、篠ノ井小学校長の小林先生です。甚だ御迷惑とは存じますが何卒よろしく。いづれ又御拝眉の折。

九月十六日

丸山 眞男

都留学兄

〔封書〕丸山眞男

（1） *Behemoth: The Stucture and Practice of National Socialism 1933–1944*, Franz Neumann, Oxford University press, 1942

＊ 本書、第1刷で一九六四（昭和三十九）年としたのは、誤りであることがわかりました。正確には一九四九（昭和二十四）年の書簡です。〔編集部〕

83　岡　義武　　一九六四（昭和三十九）年秋—冬〔推定〕

オックスフォードから度々なつかしいお便りをいたゞきながら、御無沙汰致しまして申訳ありません。今更、弁解がましいことを書いても仕方がありませんが、〔ジェイムズ・〕ジョルさんの出発の日にやっとペンをとったことで御推察願います。といってもなにもジョルさんと毎日おつき合いしていたわけでは決してないのですが、何かいつも頭の上に雲がかぶさっているような感じで、正直のところ滞在中は仕事も手につきませんでした。あらためて、これまで、オルモンド氏やファイス氏の場合に、先生がどれほど気を遣われたかが思いやられます。もちろんジョルさんの場合は、「客観的」には一番気苦労を要せず、また愉快だったのですが……。すでに斎藤〔眞〕君や〔岡〕義達君などを通じて大体の様子はお分りのことと思いますし、ロンドンでジョルさんともお会いになると伺っていますので、詳しい御報告は御帰りになってから致します。ジョルさんは紳士ですので、ファイスとちがった意味で、なかなか真意を捕捉できませんが、まあ御当人も大体において満足されたのではないかと思っています。プロジェクト・メンバーの方は殆ど皆、これまでの中でもっとも成功だったという感想を持っているようです。ただなにしろ日本というところは、「外人」をひっぱりだこにするのがすきな国で、ジョル氏のスケジュールは、ことに後半において、私が想像した以上に一ぱいになり、私自身も二人だけでゆっくり話す機会がほとんどありませんでした。あまり彼をエクスプロイトしないように気をつかったのが、結果としては、ダレスの真空論ではないけれど、プロジェクトとまるで関係のない色々の人が彼の「暇」にわりこんで来ることになってしまい、こんなことなら、もう一、二度位、セミナーを持ってもよかったのではないかという感じがします。しかしまあ人生万事思うようにはならぬもので、大体においてはこの程度で満足すべきなのかもしれません。斎藤君はとくに雑用係で大変でしたが、よくやってくれました。また萩原〔延壽〕君のような遊撃手（?）がいたことも大変都合がよかったと思います。安仁〔安東仁兵衛〕や佐藤昇氏ら構造改革派との意思疎通の成功などは、萩原君に負うところ大です。今夜羽田に見送ります。ところで、先生はこれからパリですが、横田地〔弘〕君にお会いになったら、冬学期の講義を引受けてくれた御礼をよろしくお伝え下さい。なおご紹介したパリ大使館の内田宏参事官は大変親切な人で、車も運転し、サーヴィス精神旺盛ですから、どうか御遠慮なく御連絡下さい。ではお元気で。残り少いヨーロッパの日々をエンジョイなさる事をお祈りします。　草々

〔航空書簡・横書き〕PROFESSOR Y. OKA EATON COURT HOTEL 85, EATON PLACE
LONDON S. W. 1 ENGLAND
M. MARUYAMA
Faculty of Law Tokyo University Tokyo Japan

84　家永三郎　一九六四（昭和三十九）年十二月二十三日〔消印〕

寒気きびしい折柄、お変りないことと存じます。小生、風邪がぬけきらず、とうとう一昨日の「思想史研究会」を休んで失礼しました。先日は正木ひろし氏[1]の「近きより」を貴兄の御好意でお送りいたゞいたこと、まことに有難く存じます。正木ひろしには未だ面識ありませんので、お序での折によろしくお伝え下さるよう願いあげます。

現代史の貴重な資料があちこちで続々刊行されるので、徳川時代の史料などをいじくっているのが、

少々もどかしくなって来ました。
御健勝を祈ります。

〔葉書〕都内練馬区東大泉町903
家永三郎様
東京都武蔵野市吉祥寺東町二丁目44の5
丸山眞男

(1) 正木ひろし　一八九六―一九七五。本名・昊、弁護士。『近きより』は、一九三七年創刊の個人雑誌。

85 家永三郎　一九六五(昭和四十)年二月九日〔消印〕

昨日は失礼しました。講義・ゼミ等から解放された第一週に、山のようにたまった手紙の負債の償却をはじめました。そういうわけで甚だ遅ればせながら、『やまと絵』(1)の御寄贈まことに有難く、御礼の意を申述べさせていただきます。私は一般に絵画的感覚に乏しく、とくに日本画はそうなのですが、ヨーロッパのミュージアムで中世末期の地獄図をいろいろ見ているうちに、日本の絵巻のなかの地獄図や餓鬼図との比較の問題に興味がひかれましたので、とくにそういうジャンルのものについて色々御教示を得たいと思っております。取敢えず一筆御礼まで。

〔葉書〕練馬区東大泉町903

（1）『やまと絵』（日本の美術10）（一九六四年十二月、平凡社）。

家永三郎様
東京都武蔵野市吉祥寺東町二丁目44の5
丸山眞男

86　木下順二　一九六五（昭和四十）年八月六日〔消印〕

しばらく御無沙汰しました。この間は、「惜櫟荘《せきれき》」(1)から帰って来る直前に、浅見〔いく子〕さんから呼び出しの電話がかかったけれども、家からあらためて出かけるのがおっくうだったので、失礼しました。ところで御高著『日本が日本であるためには』(2)をいたゞき、厚く厚く感謝致します。「便利」というとたいへん失礼な言い方になるけれども、こういう形でまとめられたのは大変便利に思います。どうも「お返し」ができないのが残念です。「風浪」の再演たのしみにしています。御健勝を祈ります。

〔葉書〕都内、文京区駒込千駄木町五〇
木下順二様
東京都武蔵野市吉祥寺東町二丁目四四の五
丸山眞男

(1) 熱海市伊豆山に一九四一年九月に岩波茂雄が建てた別荘。岩波は一九四〇年三月津田左右吉事件で起訴されたとき、当時の状況から実刑は免れまいとし、老齢の保養を考えてこれを建てた。戦後岩波書店の所有となり、著者の接待、執筆の場所に使われた。丸山も何回か滞在し、寄せ書きに揮毫を残している。
(2) 『日本が日本であるためには』(一九六五年、文藝春秋新社)。

87 家永三郎　一九六五(昭和四十)年九月二十四日

昨日は所用のため、途中で退席し甚だ失礼しました。本日は、『歴史家のみた日本文化[1]』を御恵与たまわり、御厚意厚く感謝致します。この御著書も次々回位の「思想史研究会」で御報告いたゞきたいものと蟲のいゝことを考えております。

同封致しましたのは、教科書問題に対する御健闘への私のささやかな慰労のしるしです。これは公的(?)なカンパとは別に、まったく個人的な御見舞であり、しかも、小生目下のところ若い人への結婚祝で出資がつづき閉口している際ですので、まことにお恥ずかしい金額ですが、気持だけでもお受取り下されば幸甚です。

一九六五年九月二十四日

丸山 眞男

家永三郎様

追記　この小切手は三菱信託でなくても、取引銀行で扱ってくれます。

〔封書〕都内練馬区東大泉町九〇三
家永三郎様
東京都武蔵野市吉祥寺二丁目四四の五
丸山眞男

（1）『歴史家のみた日本文化』（一九六五年九月、文藝春秋新社）。

88　高木博義*　一九六五（昭和四十）年十一月九日〔消印〕

ようやく秋もたけなわ、朝夕は大分肌寒さを感じる頃となってまいりました。御元気にお過しのことと存じます。

先日は御地名産のみごとな富有柿を沢山にお送り頂きましてまことに有難うございました。厚くお礼申しあげます。丸山も今年は駒場の講義[1]も加わり、平素に輪をかけた多忙にあえいで居りますが、何とか無事過して居ります。

まずは一筆御礼まで。　かしこ

〔絵葉書〕岐阜市加納栄町通り二ノ十二

高木博義様
むさしの市吉祥寺東町二―四四―五
丸山眞男〔夫人代筆〕

＊　高木博義　一九三七―。東京大学法学部一九六〇年度東洋政治思想史を聴講。この年ゼミはなかった。同講義出席者の有志で作った「東洋政治思想史クラス会」（後に「六〇年の会」と改める）のメンバー。雑誌『'60』の刊行事務を担当。（高木博義）

（1）　東大教養学部講師を併任し、文科3類の政治学講義を担当する。

89　安光公太郎　一九六六（昭和四十一）年一月一日

新年おめでとうございます
平素の御無沙汰をお詫び申し上げますとともに
皆様の御多幸をお祈り申し上げます

一九六六年元旦

武蔵野市吉祥寺東町二丁目四四ノ五
丸山　眞男
ゆか里

〔夫人加筆〕暮には結構なお品をどうも有難うございました。

〔年賀状・印刷〕世田谷区代沢四ノ四〇ノ一〇
安光公太郎様
武蔵野市吉祥寺東町二丁目四四ノ五
丸山眞男・ゆか里

90　村上利三郎*　一九六六（昭和四十一）年二月十日

拝復、私の書いたものを熱心に読んで下さってまことに有難く存じますとともに、いささか面はゆい心持が致します。

おたずねのクラートスは、Kratos というスペルで、Ethos の対語として、フリードリヒ・マイネッケが『国家理性の理念』（F. Meinecke, *Die Idee der Staatsräson*, 1924）のなかで使っている言葉をかりたものです。エートスが倫理的な行動志向を意味するのに対して、権力衝動にかられた行動を意味します。マイネッケは国家行動の準則を純倫理的なものでもなければ、純権力主義的なものでもなく、その両面を不断に架橋してゆくところに特色があると見て、国家理性をエートスとクラートスの統一と定義したのです。クラートスという言葉の語源は実は私もよく知りません。マイネッケ以外に使用した例も知りません。ヨリ詳しくは右の書物の五頁―六頁（原書頁）をご覧ください。こんな特殊な言葉は本当は使わない方がいいと思いますが、そもそも国家理性（Staatsräson, raison d'état）という概念自体がうまく表現できる日本語がないので、止むなくマイネッケの用語に全面的に依存してしまったわけです。お煩わせした点は著者として申訳なく存じます。なお、『日本政治思想史研究』で、どうしても分らぬ言葉があればおたずね下さい。以上、とりあえず御返事まで。　草々

二月十日

丸山　眞男

村上利三郎様

〔封書〕村上利三郎様
東京都武蔵野市吉祥寺二丁目四四の五
丸山眞男

＊　村上利三郎　一九三〇年、報徳精神で豊かになった静岡県の農村に出生。一九四五年、国民学校卒業後二十四歳まで農業。一九七一年、東京外国語大学卒業後、阪急電鉄入社。旅行業に従事。二宮尊徳と安藤昌益に心酔。丸山先生とは著者と一般読者の関係。『現代政治の思想と行動』中の「エートスとクラートスとの統一」に就き教えを請うた。（村上利三郎）

91　阪谷芳直*　一九六六年六月十三日

その後御無沙汰しました。日本政治学会の年報企画として、日本のビュロクラシーの共同研究(1)をしておりますが、主として大蔵省官僚について、ものの考え方、行動様式、政策決定方式、外部との交渉の仕方等々について、貴兄から自由なヒアリングを得たいという希望がありますので、御多忙中甚だ恐縮ながら、御時間をお割き願えれば幸甚です。都立大学教授赤木須留喜氏（行政学専攻）ほか、二、三名でお伺いすることになると思います。もちろん御迷惑をおかけする事はありませんから、自由にお話し下さい。

六月十三日

丸山眞男

阪谷学兄

〔封筒なし〕日本輸出入銀行　阪谷芳直様
赤木須留喜教授御紹介
丸山眞男

＊　阪谷芳直　一九二〇年名古屋に生まれる。一九四三年東京（帝国）大学法学部卒業、大蔵省に入省後、直ちに軍務（海軍短期現役主計科士官）。一九四五年復員し、日本銀行に入行。以後、日本輸出入銀行、アジア開発銀行に

勤務後、(株)東急ホテルズ・インターナショナル役員、神奈川大学教授(専攻は国際金融(開発途上国経済協力))を経て、一九九一年より社団法人尚友倶楽部常務理事。二〇〇一年九月、東京に没す(享年八十一歳)。著書に『三代の系譜』(一九七九年、みすず書房)『ある戦中派「市民」の戦後』(一九八二年、大和書房)『黎明期の女性たち』(一九八二年、私刊)『中江丑吉の肖像』(一九九一年、勁草書房)『21世紀の担い手たちへ』(一九九五年、勁草書房)。共著・訳書も多数。

丸山眞男教授の思い出(備中館機関誌『しののめ』第三八号(平成四年)所載「丸山眞男教授の新著について思う」及び同誌第四二号(平成八年)所載「丸山眞男先生の逝去に思う」より抜粋・再構成――阪谷綾子撰・編集)

――戦後の日本人の知識人で、丸山眞男の名を知らぬ人はあるまい。百年に一度出るか出ないか……といわれるこの不世出の政治学者丸山眞男先生が、東大法学部助教授として昭和十六年度から「東洋政治思想史」の講座を受け持たれることになったとき、この年に法学部の学生となった私は先生の初講義を聴いて非常な魅力を覚えたが、幼稚な頭の私は、当時先生が『国家学会雑誌』に連載しておられた有名な「近世政治思想に於ける自然と作為」という論文には難しくてとても歯が立たなかった。しかし、敗戦直後、丸山眞男の名を一世に高からしめた雑誌『世界』に載った論文「超国家主義の論理と心理」は、多くの人々と同じく、私に「目からウロコが落ちる」という表現そのままの衝撃を与えた。それに続く「軍国支配者の精神形態」(雑誌『潮流』)は、私の丸山眞男先生への傾倒を決定的なものにし、以後、先生の論文、著書は一つも見逃さないようにして精読した。すでに本の形になっている『日本政治思想史研究』(東大出版会)『現代政治の思想と行動』(未来社)『日本の思想』(岩波新書)『戦中と戦後の間』(みすず書房)『後衛の位置から』(未来社)『「文明論之概略」を読む』(上・中・下、岩波新書)のどれをとってても驚くべき啓示の書でないものはない。

書物を通じての傾倒でしかなかった丸山眞男先生と親しくなり、小さなサークルで度々謦咳に接するようになったのは、その契機が何であったか記憶が定かでないが、私が日本輸出入銀行の初代ワシントン駐在員としての三年間(一九六〇―六三年)の米国勤務を終えて帰国した直後の或時期からであった。先生は、学問が、象牙の塔にこもる「学者」の独占物でなく、社会で働く市民によって広く追求されるものでなくてはならぬという見地から、比喩的に「在家仏教」の大切なことを絶えず説いておられたから、私が仕事の傍ら進歩遅々とはいえ懸命に学問的精進をつづけていることを買って下さったのであろうと思う。私は先生から頂いた数々の書簡を取り出して読み直し、先生の面影を偲んでいるが、およそ偉ぶることのない、透徹した洞察や鋭い分析を内に蔵しながら、それらを明るい朗らかなお喋りに包んで我々に伝えられた先生を懐しみ、先生が「こういう会は全くいいネ。何を喋ったってマスコミに追いかけられもしないし……。」またこのお喋り会をやろうや」と、いつも言われた先生を囲んで磯野誠一（民法学者）・富士子（モンゴル学者）夫妻、幼方直吉氏（現代中国問題、故人）と私が、年に一、二回、一番若い私の設営で集まり、気楽なお喋りに夜の更けるのを忘れた日々を脳裡に甦らせる。しかし、一九八〇年代に入ってからは、先生の気持ちに反して、先生の健康がこの集りの企てを取り止めにせざるを得ないような状況に追い込んで行った。世界から注目され、「丸山学派」といわれる一大人脈が形成されて、その絶えざる病気との闘いの日々のなかで、学界、ジャーナリズムその他の無数の人々のアプローチに、時間的余裕は奪われ、およそ心休まる暇も少ないであろう丸山先生が、私のような一介の無名な私淑者にまで、誠心誠意応えて下さるということは、その人間としての誠実さ・高貴さを示すものでなくて何であろうか。それあればこそ、先生の創造的思想家としての偉大な業績も光り輝くものとなるのであろう。果して私たち日本人は、破綻に直面した現在の世界秩序にたいして新しい構造を「始造」する実験に堪え、それにふさわしい想像力を駆使できるでしょうか。天上の福沢の霊は静かにそれを見守っているように思われます。と、丸山先生が『「文明論之概略」を読む』（岩波新書）の結びで述べた言葉を改めて想起する私は、高貴で真摯な情熱に燃える「精神的」な意味での「青年」たちが今こそ奮起して、先生の示唆に応えて日本の再生のために挺身してくれることを願うのである。（本稿題名は阪谷綾子による）（阪谷綾子）

（1）　日本政治学会編『年報政治学　一九六七　現代日本の政党と官僚』にまとめられた。丸山は年報委員長として「あとがき」（『丸山眞男集』第九巻）を執筆している。

92　木下 順二　一九六七（昭和四十二）年一月一日

新年おめでとうございます。
日頃の御無沙汰を御詫びしつつ
皆様の御健勝をお祈り申上げます。
一九六七年一月一日

東京都武蔵野市吉祥寺東町二丁目四四〜五
〔本人加筆〕丸山 眞男

〔年賀状・印刷〕文京区駒込千駄木町五〇
木下順二様
東京都武蔵野市吉祥寺東町二丁目四四〜五
丸山眞男

93 内田智雄*　一九六七（昭和四十二）年一月十五日

謹啓、未だ拝眉の機会を得ませんに、唐突に御手紙を差上げます失礼のほど、何卒御海容賜りたく存じます。

貴学部西田〔毅〕助教授から、W氏を貴学部において西洋政治思想史の専攻者として迎えようという話が進行中である旨を昨年の暮に承りまして、嘗て、W氏を大学院生として指導致し、その後引続き学友として交際している私として、たいへんよろこばしく存じ、何かお役に立てばというつもりで一筆認める次第で御座います。

W氏は、東大法学部学生として在学中にヘーゲル歴史哲学をテキストとする私の演習に参加し、それが機縁となって知己となりました。卒業時に、（旧制）大学院学生として勉学を続けたいという希望を私に申出ましたので、これまでの読書経歴などを尋ねましたところ、すでにマックス＝ヴェーバーの『経済と社会』にその頃から取組んでいることを知って驚嘆したことをよく記憶しております。未だ敗戦後の混乱期であり、原書の入手でさえ容易でない時代に、しかも学部学生時代から、『支配の社会学』のような現代社会科学の古典に親しんでいたことは、後から省みてもW氏の一貫した学問的姿勢をよく物語っております。今日、W氏が本格的なヴェーバー研究者として第一人者であることは、広く認められておりますが、その実力が一朝一夕に築かれたものでないことは、おそらく私がもっともよく知っているのではないかと存じます。時代の流行に阿ねらず、また安易な概説書や参考書にたよらずに、直接、原典を綿密に読んで行く着実で地味な学風、しかもいわゆる訓詁注釈学の弊に陥らずに、広く時代思潮を綜合的にとらえて、その中で個々の学者なり古典的著述なりを位置づけて行こうとする視野の広さ、がなによりW氏の特色のように思われます。したがってその研究範囲も、けっしてヴェーバーとその周辺に限定されておりません。とくに、十九世紀歴史主義からナチズム、さらに戦後ドイツに至るドイツの思想史的展開についての、同氏の蘊蓄の深さについては、同氏と交った者すべてが異議なく認めるでしょう。

同氏が、あまりのパーフェクショニストであるために、発表された業績が少いことは何といっても遺憾のことであり、あきらかにW氏の学者としてのマイナス面であります。W氏もそれを自らの欠点としてよく自覚していると思います。

学友たちはしばしば半ば本気に、半ば冗談に、「ヨーロッパなどには、一生ほとんど著書を書かないで、しかも学界から文句なしに偉い学者としてみとめられているような人がいるが、W君はまさにそういうタイプの学者になるのではないか」と以前から言っておりましたが、私としては、W氏がそういう評価に甘えることなく、その蓄積をもっと業績の形で生かしてもらいたいと希望致します。しかし教育や指導の面では親切ですから、後進学徒がW氏から栄養分を吸収する気になれば政治思想史の領域でこれほど得るところ多い学者は、少くも同氏の世代では得難いといっても過言ではないと存じます。

もし、W氏についてなおたずねたいと思われる点が御座いましたら、私の知る限りにおいてできるだけ率直にお答え致しますから、どうか御遠慮なくおしらせ願います。私としては、幸いにW氏が貴学部の政治思想史専任者として迎えられますならば、長く同氏を知るものの一人として喜びに堪えません。すでに二十年も前の指導教授であったということからして、形式的な推薦状を書くのもいかがなものかという感じが致しますので、私信を以って之に代えさせていただいた次第で御座います。この手紙の取扱方については、何卒貴殿において自由にお計い下さるようお願致します。

末筆ながら御健勝のほどひとえに祈り上げます。田畑〔忍〕先生はじめ、同志社の皆様によろしくお伝え下さい。　草々

一九六七年一月十五日

丸山　眞男

同志社大学法学部長

内田智雄殿

御机下

〔封書・速達〕京都市上京区今出川烏丸京入る
同志社大学法学部部長　内田智雄様
丸山眞男

＊　内田智雄　一九〇五―八九。東洋法制史。同志社大学教授。『中国農村の家族制度』『定本明律国字解』『訳注中国歴代刑法志 正・続』など著書多数。（編集部）

94　家永三郎　一九六七（昭和四十二）年五月五日〔消印〕

御無沙汰しておりますが、御元気のことと存じます。
『日本近代憲法思想史研究』(1) の御礼がたいへんおくれて、失礼の段、平におわび致します。前人未踏といってよいこの御労作は、個々の見解の相異をこえて今後いかなる、この分野の研究者にとっても出発点となるものであることを信じて疑いません。訴訟の方も気になっていますが雑用と非雑用にとりまぎれて、何のお助けもできませんけれども、お体には十分御留意なさるよう。重ねて御遅延のおわびまで。

〔葉書〕練馬区東大泉町九〇三
家永三郎様
東京都武蔵野市吉祥寺東町二丁目四四の五
丸山眞男

（1）『日本近代憲法思想史研究』（一九六七年二月、岩波書店）。

95　高木博義　一九六七（昭和四十二）年十一月十七日

秋もいよ〳〵深まり、朝夕はめっきり冷え込んで参りましたが、御障りございませんでしょうか。昨日は御地名産の富有柿を沢山にお送り頂き、まことに有難うございました。お味の結構なのは勿論のこと、姿形の見事なのには吃驚致しました。こんな立派な柿には初めてお目にかかりました。丸山はこの冬学期は、講義とゼミと両方で、その準備に追われ一日々々が飛ぶように過ぎてしまうようでございます。もう今年も残り少なになりましたが皆様どうぞお身体御大切に。
まずは一筆御礼まで。　かしこ

十一月十七日

〔葉書〕岐阜市加納栄町通り二ノ十二
高木博義様
武蔵野市吉祥寺東町二—四四—五
丸山眞男内

96　木下順二　一九六八（昭和四十三）年一月一日

新年おめでとうございます。

日頃の御無沙汰を御詫びしつつ

皆様の御健勝をお祈り申上げます。

一九六八年一月一日

東京都武蔵野市吉祥寺東町二丁目四四～五

〔本人加筆〕丸山　眞男

〔年賀状・印刷〕文京区駒込千駄木町五〇

木下順二様

東京都武蔵野市吉祥寺東町二丁目四四～五

丸山眞男

〔同文の年賀状は他に西田毅・安田武宛〕

97　加藤　一郎*　一九六九（昭和四十四）年二月七日

前略、本来ならお目にかかるなり、電話なりでお話すべきことかもしれませんが、御多忙をきわめている貴兄から特定の時間を奪うことはいかがかと思われますので、とりいそぎ一筆認めることに致しました。

したがって、単刀直入に申上げますが、それは加藤執行部、すくなくもそのなかの数人が近々のうちに辞職するといううわさの件についてです。これはたんに新聞報道だけでなく、今週の教授会でも〔平野龍一〕学部長から「暗示的」な表現ででではありますが、言及されたことです。私はもしそれが事実なら、ぜひともお考えをひるがえしていたゞきたいと強く希望致します。

事実問題として、貴兄をはじめ、側近（?）の方々が精神的、肉体的に御疲労の極に達せられていることは、痛いほど私に分りますし、この辺で御勘弁ねがいたいという御気持になられても、心理的には十分すぎるほど御尤もなことです。とくに二年前に、学部長の職すら任に堪えずとして辞任した私[1]が、「もう少しガンバれ」というようなことを貴兄にいう個人的資格がないことは百も承知しております。にもかかわらず、ここで貴兄が退陣されることは、貴兄のためだけでなく、大学のためにまた、客観的条件を考慮しても、断じてとるべき措置でないと信じますから、申しにくい気持を押えて敢て卑見をのべさせて頂きます。

辞任の公的理由として伝えられますことの第一は、入試中止の責任という点です。もし、これが入試問題[2]をめぐる政府文部省との交渉、そのきわめて微妙なやりとりの経緯、及びその結果が、貴兄の意図された入試実現に至らなかった、というただその交渉過程だけを孤立的にとりあげるならば、あるいは、貴兄ないし加藤執行部の社会的及び大学への責任を云々することも可能でしょう。けれども、私は入試問題は東大紛争全体にくらべたら、極言すればささいな問題としか思われません。その点は貴兄と所見を異にするかもしれませんが、かりに東大の入試中止がそれほど重大なものと仮定しても、入試中止という結果は、昨年一月以来の長い紛争が、いくどか解決のチャンスがありながらも、それを失って来たことの積み重ねとして生じたものであることは誰の目にも明らかです。それをどうして加藤執行部の責任といえるのでしょうか。（入試を実施するか中止するかというその問題を加藤執行部に全権委任したのでないことはいうまでもないでしょう）。事、ここに至った責任というならば、〔大河内一男〕前執行部、及びそれを支持して来た各学部、部局の教授会が第一義的に負うべきものです。入試中止問題だけをとり出し、しかも政府との交渉の不成功だけに限定して責任を問題にされるのは——実際にトップ・レヴェルで交渉にあたられただけに心理的な挫折感が大きいということはよく分りますが——失礼ながら問題を矮少化するものと思います。比喩的にいえば、加藤執行部が発足した時点では、すでに、問題のこじれ方は、入試中止を不可避にするような加速度をもって坂道をすべっていたのではないでしょうか。

つぎに問題を今後の方向から逆に現在の時点にさかのぼって考えてみましょう。かりに加藤執行部が退陣するとして、つぎの執行部は一体何を「解決」するために登場するのでしょうか。加藤執行部の登場の場合には、前執行部が行うべくして行いえなかった全学集会——具体的には二つ、ないし三つの運動セクトとの公開予備折衝をふくむ——を実現するという明白な課題がありました。そうして加藤執行部は、この課題にきわめて積極的にエネルギッシュにとりくんで来たことも万人のみとめるところです。そうしてこうした「全学集会」が、けっして入試実現のためでもなければ、スト解除だけのためでもなく（なぜならスト解除が直ちに授業再開→正常化へ連ならないことははじめから予見されていましたから）、実質的な学園の異常状態をともかくノーマルな軌道にもどすためのステップとしての意味をもっていたこと、いうまでもありません。貴兄はしばしば「収拾」でなくて「解決」をめざすといわれて来ました。もし、「解決」ということが、今回の紛争の根源にメスを入れるというところまでもふくんだ「解決」を意味するなら、それは誰が「代行」になっても、代行執行部の手にあまる任務であり、それを加藤執行部に求めることは無理強いというものです。けれども、異常状態をともかく一度ノーマルな軌道にのせて、本格的な問題解決（改革をふくむ）への足がかりをつくることは、加藤執行部がどうしても果さねばならぬ課題であり、そのためにこそ権限集中が行われたものと私は愚考致します。とすれば、ここで貴兄が辞められることは、どこから考えても、途中で投げ出すという意味をもたざるをえません。学園の現状が上記の意味での限定された「解決」＝「正常化」にも至っていないことは明白ですから……。貴兄につづく新執行部は――およそ、その人材が調達できるかどうか自体が疑問ですが、それをしばらくおいても――一体何を具体的な課題として、（ちょうど加藤執行部が全学集会の実現を課題としたのに相当する、具体的な課題として）登場することになるのでしょうか。正規の総長選挙を行うための、暫定内閣ということなら、現執行部がそれに当って不都合な理由はすこしもないと思われます。また、「確認書」を一つのくぎりとするといわれるならば、「確認書」が上記の意味での正常化につらなるということが、それこそ「確認」された時点こそ、はじめてくぎりとなりうるのであって、評議会がこれを批准した時点では、まだあまりに状況が流動的です。

大学の内外からもみくちゃにされて来た貴兄にたいして、もう少し頑張ってもらいたいというのは、まったく言いづらいことですし、虫のいい言い草だ、と貴兄にいわれれば返す言葉もありません。しかし、法学部の丸山の声ではなくて、天の声としてきいて下さるならば、「ここまで来たからには、少くも総長選挙（これは従来の規定による総長選挙で、新制度の下でのそれではありません）のメドがつくまで責任を果されるのがあなたの業《ゴウ》ではないか」という言葉にもう一度耳をかたむけて下さることをお願する次第です。申したいことは他にもいろ〳〵ありますが、緊急の件にかぎって蕪辞をつらねました。とりいそぎ筆をとりましたので、文意の至らぬ点、また、失礼の言辞がありましたならば、御海容賜りたく存じます。　草々

二月七日

丸山　眞男

加藤一郎学兄

〔封筒欠〕

＊　加藤一郎　一九二二―。民法学者。大河内一男総長辞任後、一九六八年十一月から東京大学総長代行、翌年四月に総長就任（一九七三年三月退任）。この書簡は東京大学法学部附属近代日本法政史料センター所蔵の『加藤一郎関係文書』にある。（編集部）

（1）　一九六七年二月東大法学部次期学部長選挙で当選するが、健康上の理由により辞退した。改めて三月に行われた選挙で辻清明が当選し、四月から学部長となった（―六八年十一月）。飯田泰三「解題」（『丸山眞男集』第十巻）参照。

（2）　一九六九年一月十日の東大七学部集会、一月十八―十九日の加藤一郎総長代行の要請による警視庁機動隊の安

田講堂などの封鎖解除を経て二十日に行われた東大入試に関する加藤と坂田道太文相との協議は不調に終わり、六九年度入試の中止が決定した。なお、加藤は三月二十三日に東大総長に選ばれた。

98　加藤一郎　一九六九（昭和四十四）年二月二十五日

先日は御多忙のところお電話をいただき、恐縮しました。

御存知かと思いますが、私は昨月曜日、第二回の講義に出かけてゆく途中、銀杏並木前で集団をなしていた約四十人位の学生につかまってとりかこまれ、両腕をとられたまま、文学部の階段教室につれこまれ、ちょうど三時から五時まで追及を受けました。(1) この間の事情につき、直接当事者からのインフォーメーションを貴兄にお伝えしておく方が、間接情報、またはもっと悪質のデマに基いて後日貴兄が「追及」されるような場合、御迷惑をおかけしないためにも必要だと思いまして、御報告する次第です。例によって電話やお目にかゝる時間を割いていただくより、自由な時間に読んでいただく、という趣旨で、手紙で、できるだけ簡単に経過をお話します。坂本〔義和、当時総長補佐〕君などにはお話し下さっても結構ですが、むろん公式報告というより私信のつもりです。

事は私の第一回講義（二月二十一日金）にはじまります。（私は微熱がさがらぬため、法学部の正式開講の日（二月十四日）から、二回おいた、二十一日開講の掲示を出し、同日は討論集会でなく、最初から講義を行うことを明かにする趣旨をも含める意味で、テキスト及び当日あらかじめ読んでおくべき文献を掲示させました。あるいは、このこと自体が「挑発的」に映ったのかもしれません）二十一日の当日は、一号館前に法闘委の諸君若干名がいて、「講義の前にわれわれに質問をさせて下さい」といいますので、「私は講義をどういう意味で再開するかを冒頭にのべるから、それに関連する質問だけを受ける」と答えて、そのまま二一番教室に入りますと、追っかけるように十数名の学生がついて来ました。教室はすでに満員でした。

冒頭に、私は、五分間ぐらいで、本年度の私の講義をはじめる趣旨を話しました。その要旨は、「これは本来なら昨年十月にはじめるべき講義が、入口封鎖及びピケをともなうストライキによって不可能になったものを、本日からはじめるものである。したがって、これはなんら新しいものの始まりと私は思わない。また問題の収拾ないし解決の手段とも思わない。単純に、とっくに始まっているべき講義の再開である。私は個人的心理からいえば、法闘委諸君の言っている意味とはちがうかもしれないが、講義をこういう状況ではじめることに心理的抵抗を感じる。しかしストライキが解除され、講義再開の物理的障害がとりのぞかれた以上、講義をするのは教官の義務であり、また、いうまでもなく聴講権は学生の権利である。大学というところは出欠をとることで聴講を強制していない。講義をききたくない諸君は自由に退出してよろしい。ただ、他の学生の聴講権を妨害しないでほしい」

これに対して、講壇の前に立っていた、法闘委の某君が、授業再開の「客観的役割」「一八・一九日の機動隊導入」「加藤〔一郎〕代行、平野〔龍一〕学部長、その他の追及集会」等々について質問をはじめました。私は講義自体と区別するために、壇を下りて、問答を交しましたが、そのころには、入口近辺に、他学部学生もふくめたと思われる数十人の学生が、主として演壇から向って右の壁にそって立ち、近くの右側の席にすわっているあちこちの学生から、次々に質問がとび出しました。一々記憶していませんが、私が彼等にその都度答えた趣旨は、トビトビですが、大要つぎのごとくです。

イ「私は、昨年十月に法学部教授・助教授が掲示した趣旨――今後、ゼミ・サークル等で今回の問題につき話したいという申し出があれば、いつでも応ずる用意がある、――は、今日でも生きていると思っている。したがって、講義と別の機会に討論したいというのなら、いつでも日をあける」

ロ「講義は日常的な制度だ。日常化と、問題解決という意味での正常化とはちがう。非日常的な状態の永続、もしくは非日常的な手段の永続的な行使が永久革命だという定義を、トロツキーはどこで言っているのか。非日常的手段をいつまでも行使しなければ闘争ができないというのは、諸君の（さきほどの一群の方に向いて）強さではなくて弱さの現われだ」（このとき若干の拍手がきこえましたが、右側からはヤジもとびました）

ハ「平野学部長は諸君との討論を拒否するとはいわなかった。君も知っているだろう。法闘委や全共闘が主催する集会に、公式の資格で出ることは、現在ではできない、といっただけだ」

――学生「先生もその見解に賛成ですか」

――私「賛成です」

註　これは二月十九日夕、神田学士会館における法闘委との第二回非公式会合での話のこと。坂本君が知っています。当日の会合、とくにその前の法闘委諸君との第一回非公式会合は、彼等の間でも秘密になっているので、このときのことが話に出るのは、彼等も好まないようでした。私が「それは先日の会合のことですか、君も知っているでしょう」といったとき、某君はちょっと困った顔をしていました。

なお、私が二回の非公式会合に出たのは、有志連絡会議の諸君が私の出席を希望していると岡〔義達〕評議員から伝えられたためです。

ニ　「十八、九日の機動隊導入は、ある天気晴朗なる日に突然おこったことではない。その由来を話せば、東大闘争の長い過程を話さなければならない。講義の時間を二、三回つぶせばすむものではないでしょう。東大闘争に内在する問題についての私の考え方は、直接ではないにしろ、原理的に私の今年の講義（『日本の思想』をテキストとする）全体のなかで、暗示されてゆく筈です。どうして十八、九日だけ孤立的にとりあげるのか」

ホ　（では日を改めればいくらでも話すかとの問いにたいし）「一回の時間の長さはコモン・センスの問題です。先日、昨年のカルチエ・ラタンの学生討議のことを読んだら、〝延々三時間にわたって〟とあった」（一般学生の間から笑い）

へ（機動隊導入その他に責任はないのかとの問いにたいし）「私は東大闘争全体に重大な責任を感じている」（それをどうして果すのか、先生はこれまで何をして来たのか等々との問いにたいし）「そんなことをここで話す場合ではない。古田〔重二良、日大〕会頭は、あの大衆団交で「自己批判」したことをみんなあとで撤回したではないか。諸君はどうして大衆団交やつるしあげによる「自己批判」の強要が空しいものであることを覚らないのか。良心を強制することはできない。内面性と外面的行動との区別というような初歩的なことをいわなければいけないのは残念だ」

ト「処分は暴力ではない。ハイデルベルクにあった学生牢とか、現在でもイギリスのパブリック・スクールにあるむち打ちは制度的暴力による制裁だが、現在の処分の最重なものは、成員権《メンバーシップ》のはくだつ以上には出ない。ただし、処分内容と処分手続とは別問題である」

チ（研究室封鎖に際し、「ナチも軍国主義者もやらなかった」といったではないかとの問いにたいし、私はこのころには右側に歩んでいて、すぐそばでその学生に、）「君はその場にいましたか」学生「いなかったけれども新聞でよんだ」私「君たちは平素ブル新などといいながら、都合のいいときだけ、ジャーナリズムの記事を信用するのか」

リ「機動隊の行動には職権濫用がありうるし、それを訴追できる。ゲバには職権濫用ということ自体を語りえない。それが制度的暴力と非制度的な暴力とのちがいの一つだ」

大要以上の問答をしたあと、すでに一時間半を経過していましたので、私は「強引に」講壇で、開講しはじめました。右側のグループのうち、主として法闘委と思われる諸君は大体静粛になりましたが、後方の立っている学生たちは相変らず難詰とヤジをとばし、喧そうな雰囲気でした。私は一度後方の諸君に向って「きこえますか」といいました。もし「きこえません」という答えだったら、中止しようと思ったのですが、「きこえます」という元気のいい答がかえって来たので、そうなるとやめるわけにもゆかず、そのまま講義をつづけました。左側の席から、「先生、今日は止めたらいかがですか」という声があり、見ると法懇の成田憲彦君（ゼミ学生で、代表団の一人）です。べつに成田君が言ったからというわけではありませんが、時計を見ると、ちょうど二時五十分なので、「それではこれで中止します」といって壇をおりました。法闘委の冒頭質問をした某君が、私のそばを通ったとき、「これから討論を続けたい」といいましたが、私は答えずにそのまゝ研究室に帰りました。（講義以外の時間なら割くといったのに講義を妨害しておいて、「講義以外の時間だから」と先方がいうのは、虫がよすぎると思ったので、返答もしなかったわけです。）

私は、講義をともかくはじめたというたてまえが貫かれれば、大部分の時間が、全共闘ないし法闘委の諸君を中心とする（他のシンパもいましたが）問答になっても止むをえないとはじめから思っていましたので、この日はべつに意外でも心外でもありませんでした。むしろ、いつもの私の論争癖で、若干「挑発的」にすぎたかなと反省しながら室に戻りましたが、きいていた大学院生の一人が「全共闘にたいする反面教師になったのではないか」と感想をもらし、またすぐ後で、雄川〔一郎〕教授が、

「ある学生が、面白かった」といっていたから、あれでいいのではないかというのは、私にいわせれば随分傍観者的だと思いますが、大多数の「一般学生」はおそらく、私と彼等とのやりとりを「面白く」ときいていた、というのが、よかれあしかれ事実だったでしょう。

　第二回の、昨日の出来事はまったく予期しない出来事でした。（あとで予定の行動ということをきかされました。）正午すぎに、私の名を出して「罪状」云々というタテカンが銀杏並木に出ていたそうですが、私は見ませんでした。（もし見ていたら、もうすこし前もって警戒し、準備もした、ところでした。）教室に向うために、まっすぐに、銀杏並木を通ってゆくと、四、五〇人かたまっていた学生が、私をみつけると、駆け出して来て私をとりかこみ、若干抵抗する私の両腕をおさえて、前述のように文学部階段教室につれこみました。彼等と口論していた私のゼミの学生なども一緒にはいり、あとから入って来た学生もふくめて約百五、六十人もいたでしょうか。法闘委の一人が「授業再開を強行した丸山教授の追及集会をひらく」という趣旨の開会宣言をして、私は壇下の椅子に坐わらせられ、そのまわりを白ヘル〔革マル派〕、ＦＬ〔フロント〕の学生と法闘委の某君などがかこみました。私のそばでマイクを付きつけたのは、白ヘルの学生のように記憶しています。ここでは私は終始「授業をはじめる前に強制的にここにラッチされた。こういう状況で私は答えることができない」という態度で終始したつもりです。「不法に身体の自由を拘束された状態で、何をのべても、そんなものは効力がないし、なにより、そういう状態で討論するのは私の原則に反する」ということを何度も何度もくりかえし、そういう原則論の問題がつづくという結果になりました。一般学生もいましたので、私は何度か、実質論に入ろうかと思い、また一、二回は、さきの「答えない理由を答える」という、限界をこえた応酬があったことも事実です。

追及する学生は、「不法監禁にさせて、また機動隊を呼ばせるつもりだろう」などとつめよりましたが、正直にいって私の内心にはそういうつもりはまったくなく、ただ、こういうやり方は自由な討論といえない、という「原則」をいいたかっただけです。

ただ例外的に、実質論に入った点だけを列記します。これが後日の問題になったかもしれないからです。

イ　丸山「……では、諸君から、二十六日の加藤代行追及集会に出よという要請があった、ということを加藤代行に伝えます」

学生「テープ・レコーダーだって伝えることはできるんだ。伝える、というだけでは答えをなさない。あんたはどう思うのかということをきいているんだ」

丸山「私の思想は、私がどう考えているかは、こういう場では答えないと、さっきから言っているじゃないですか」

マイクをつきつけられたが、ふたたび「黙秘」に入る。

ロ　以下は、「正式」の問答というより、一間位前にいた学生との問答です。

学生「丸山教授は機動隊を導入しながら……」

丸山（さえぎって）「機動隊の導入は私の権限ではありません」
学生「責任を逃れるつもりか。あんたは、権限ではない、といって逃げることを日本の支配層の分析で書いているではないか」（この学生はよく読んでいるなと丸山は内心苦笑）
丸山「権限がない、といっているだけで、責任がないとはいっていない。権限と責任とのちがい位がわからないのですか」
ここで別の問題追及にうつる。

雰囲気はむろんまったく前回とちがい、とくにまわりの学生からは、ありとあらゆるバリ雑言がとびました。私が、トンチンカンな「追及」に笑をもらすと、「ニタ〳〵笑うとは何だ、こっちは真面目に云々」という調子で、軍隊内務班を思い出させました。「黙っているんなら、なぐっちゃえ」という声もとびましたが、この間肉体的な暴力は一切ありませんでした。最後に壇上から、「丸山教授が授業を停止して話し合いに応じない限り、話し合いを拒否する。それどころか、加藤追及集会に丸山教授をも、隅谷〔三喜男〕教授とともに引き出す。さらに、今後の授業をフンサイし、構内で歩いているのを見付け次第、いつでも、どこでも教授を追及することを諸君とともに宣言して本日の追及集会を終る」ということで、五時に、「釈放」されました。おききかと思いますが、全共闘はもっと追及をつゞけたかったのを、法闘委が、五時に終らせる、ということで頑張ったようです。
私は心配して出て来てくれた法学部のスタッフに迎えられて、研究室内で佐々木医師の診察を受けましたが、異状なく、車で自宅に帰りました。自分では終始、精神的には元気なつもりでしたが、やはり帰宅後は肉体的な疲労を感じ、今日は念のため自宅で休養しております。

以上、私の記憶する限り、事実をかいつまんでのべたつもりです。ただ何といっても当事者ですので、当事者の記憶漏れや「偏見」があるかもしれません。狭義の執行部ならざる一教官がラッチされたのは、少くも最近にはなかったことと思いますが、その理由とか、今後の見透しとか、についての所見は今日は差しひかえて、ただ御報告にとどめます。お互に、気分的に不愉快なことが続きますが、いまはただそれに耐えて頑張る以外にないでしょう。くれぐれもお体御大事に。

二月二十五日

丸山　眞男

加藤一郎様

〔封筒欠〕

（東京大学法学部附属近代日本法政史料センター所蔵）

（1）『自己内対話』一三一―一四〇頁の武蔵野日赤病院で記された「一九六九年二月、講義開始から、中絶までの経緯」にも同様の記述がある。

99　岡　義武　　一九六九（昭和四十四）年四月四日

岡義武先生

漸く春めいてまいりましたが、先生の方はお体の調子はいかがで御座いましょうか。

先般、私の入院に関し早々にお見舞いの言葉をいただき、恐縮の至りに存じます。このたびの入院は自発的というより、多分に他発的で、「一度目は悪意をもって強制ラッ致され、二度目は善意の人々によって強制ラッ致された」と周囲の人々に冗談を言っておりました。ところが、いざ入院して一種のドック的な検査を受けますと、年のせいもあり、また半年以上の疲労の蓄積のためか、あちこちに故障が発見され、予定よりも退院が延びて閉口しております。なにしろ朝六時起床、夕食午後四時、就床九時という時間割はそれだけで私には地獄の——というとオーバーですが——試練です。しかしおかげで体重ももとに復し、顔色もよくなり、煙草をやめたせいもあって意外に食欲もあります。肝機能障害と原因不明の偏頭痛がまだ「釈放」されない主たる原因と思われます。（心電図の方はいずれにせよ、長期的に観察するほかありません）が、来週には何とか自宅療養にきりかえてもらうつもりです。個室ですと一日に三千円以上の差額をとられ、それだけでも到底長期は無理ですから……。しかし日赤は流石にケアは行き届いております。以上もっぱら病状のみ御報告し、御見舞にたいする取敢えずの御礼にかえさせていたゞきます。東大問題自体はお話致したいことが山ほど御座いますが、本日はこれで失礼致します。

末筆ながら奥様によろしく。

四月四日

丸山 眞男

〔封書〕都内、大田区山王二ノ一三ノ一二

岡義武様

武蔵野市境南町二丁目26ノ2号

武蔵野赤十字病院第三病棟

丸山眞男

100 木下 順二 一九六九(昭和四十四)年六月十七日〔消印〕

ここは四階で、ポストは地下、一日二回開箱、新聞も朝夕刊ごとに地下室まで買いに行くという前文明開化的環境なので、つい今日まで延引したが、これはとりあえず無事入院の挨拶のつもりです。本当にお世話になって感謝に堪えない。今週はじめからさまざまの検査がはじまり、今朝は連続五回採血で、吸血鬼もかくやと思われる忙しさ。来週その結果が出ないと、主治医先生もはっきりした事をいわないが、この肝臓専門医の直感によると、どうもやはり急性ではなく、血清肝炎(昭和二十九年手術の際の輸血により)が知らぬうちに慢性化したもので、とすれば不治の病と観念しろとの御託宣です。別に意外ではありません。一筆御礼まで。

〔葉書〕都内、文京区向丘二ノ二三ノ四
木下順二様
中央区築地五ノ一ノ一　がんセンター11病棟5号
武蔵野市吉祥寺東町二ノ四四ノ五
丸山眞男

101　安田　武　一九六九（昭和四十四）年六月二十七日

謹啓、うっとうしい梅雨空の続くこのごろですが、お変りありませんか。さきごろ入院中に御手紙をいたゞき、またその後お電話をいたゞきましたのに、今日まで其儘に打過ぎ申訳なく存じます。入院中に奔騰しました数値も次第に落着く傾向を見せてはおりますもの丶、まだ浮動性がかなり強く、おまけに胃の調子もおかしくなって、退院後は、二月入院当時よりかえって安静を強化しなければならなくなる始末で、一切のことが億劫になり、心ならずも失礼しました。お手紙によれば、貴兄も一時また肝臓悪化した由、現在は元気恢復とのことですが、小生のこれまでの経験では、むしろ主観的に調子のよいときに手綱をひきしめねばならないのが、肝臓病の顕著な特色です。すこし調子がよいと、ついつい運動が過ぎて、ある時点でガタッと悪化するという循環をくりかえすことになりがちです。散歩程度の運動さえ然り、況んやトリンケンに於ておや！　小生病気以来、すっかり道学先生になって人を見れば養生訓の説教をしていますが、とくに貴兄には厳重警告をくりかえしたく存じます。

というのも、他の点はいざ知らず、日常的生活態度がおそろしく非合理的だという点で、貴兄はまさに私と同人種であり、その優なるものと思われますので、それだけに前車の轍をふんでもらいたくないのです。肝炎というのは、女の腐ったような――おっと、当今こんな時代おくれの比喩を使うと袋だゝきに合いそうですが――いつまでもはっきりしない、ふてくされた病気で、これと平和共存することは、結核の場合以上の忍耐を必要とするようです。

ところで、戦争体験について、貴兄と対談をするという件ですが、この御企画が、今年とか来年とかの出版をお考えになっておられるのなら、どうか、小生をオミットして、他の方、(もしくは方々)との間で話を進めて下さるよう、お願したく存じます。最初にお断りしておきますが、もし小生が、戦争体験について、あるいはやゝ広く、昭和十―二十年前後の自己経験について公に語る時が来るとするならば、そのときは誰よりも貴兄にお相手をこちらからお願するでしょう。こう申すことが、その場のいい逃れかどうかは、色々な出版記念祝賀会なるものに小生は過去において、かなり近い友人の場合でもほとんど出席した事がないにもかゝわらず、貴兄の書物が未来社から出た折にはよろこんで出席した、という一事だけからでも御判断下さい。

にもかゝわらず、私がオミットをお願いするのは、いくつかの理由があります。まず、私は原爆体験もふくめて、戦争体験について直接的に語るには、テーマの巨大さと、私自身のなかに内発的に熟して来る考えの足りなさとの間のギャップを感じるからです。今に及んでまだそんなことをいっているというお叱りは甘受します。事実、考えが熟していないのですから、どうにもなりません。もし又、考え方の問題をふくまない、回顧談ということなら、私は現在まだまだ精神的に色気十分で、それより前にやりたい仕事を山ほどかゝえています。他方、こんどの病気で、従来から感じていた私の生理的な限界がいよ〳〵ハッキリして来たので、私は余命を、自分本位に考えて、自分にとって本格的な仕事（いうまでもなく、日本思想史の領域です。それも、いくらも研究者のいる近代日本ではなく、古代から江戸時代までの日本です）に集中したいと思っております。従来から、このことを痛感していたのですが、私がなまじ色々なことに知的好奇心が強いのと、義理人情に弱いために、たのまれるとついさまざまのテーマの問題にひっぱり出されて、「ここがロードスだ」という自分の場については一向に仕事が進捗しないまゝ、ついに今回の大病になってしまったようなわけです。現代は——はなはだいやなことですが——何といってもイメージの時代で、私についても、本人がなすすべがないほど、丸山についてのイメージがふくれあがって私をがんじがらめにしています。それをふりほどくのはほとんど絶望的に困難と思われますが、そのつまらぬ一歩は、いわゆる現代のトピックについては、それがどんなに重要なものであろうと直接に語ることを避けて、「うしろむきの予言者」という歴史家の宿命に徹することよりほかにありません。このことは必ずしも従来いわれている意味でのアカデミズムに空間的に立てこもる、という意味ではなく——そのことは現在申上げる段階ではありませんが、追々お分りになっていたゞけると思います——ただ、日本思想史の一介の研究者としての途を歩むということです。私は、ずっと以前から「単なる研究者でなくて思想家としての丸山」などといわれるごとに、背筋が寒くなる思いをして来ました。人各々行く途があります。ジャーナリズム上の「思想家」になるのが日本くらい容易で、「単なる研究者」に徹することが、現在の日本くらい困難なところはないと思います。(そもそも日本にはプロフェッションにあたる言葉がなく、プロというと野球や芸能の領域でしか使われません。昔の「職人」という言葉のもつ感じのせまさをとりはらって、職人倫理を徹底化するよりほかには、この国がサラリーマンと何でも屋評論家——つまり専門バカの反対物——との二種類の人種によって満たされる日もそう遠くないと思います。)

だんだん話が脱線しましたが、念のため附け加えるならば、このように申上げる意味は、私が貴兄と戦争体験について話すことが、それ自体私の今後の志向と矛盾する、といっているのではありません。(それだったら、今年とか来年とかいう限定をつけないで、今後永久にお断りするでしょう。)ただ、今度の病気をきっかけに、私が自分の仕事を限定し、集中させるためには、病気後最初のスタートが大事で、そのためには、貴兄の——それ自体はきわめて重大かつ切迫した意義のある——企画でさえ、真先にそこに登場するということを躊躇するのです。私の健康の見透しがもう少しハッキリし、また、現在私が身体の具合を見ながらおそるおそる進めている仕事の進展がもう少し開けて来た暁には、あらためて考慮したいと存じます。お目にかゝって直接お話すれば、もっと私の意のあるところをお分りいたゞけると思いますが、現在まだ長話を禁じられておりますので、心持を尽せぬことを承知のうえで一筆認ためました次第です。よろしく御判読下さらば幸甚に存じます。末筆ながら重ねて御健康に御留意のほど願上げます。　草々

一九六九年六月二十七日

丸山　眞男

〔封書〕保谷市東町三ノ七ノ二
安田武様
武蔵野市吉祥寺東町二丁目四四ノ五
丸山眞男

102　小尾俊人　一九六九（昭和四十四）年七月十七日〔消印不詳〕

漸く夏が近づいて来ましたが、御元気と存じます。小生の病気についてかねて御心配をおかけしておりましたところ、今度は、藤田〔省三〕君を通じて、*Furtwängler: Dokumente, Berichte u. Bilder* をお贈りいたゞき、また承われば、メロディア版「第九」も自宅の方にお運びいたゞいたとの事、御好意の段、感謝に堪えません。前者は早速むさぼるように頁をめくって、昨日一日であらかた読んでしまい、いまはもっぱら写真をエンジョイしています。後者は、戦時中の「第五」の方はテープをとりましたが、「第九」は放送したときに、第三楽章をカットした（何とまあ間抜けなこと！　もっともききたい楽章ですのに）ので、一旦とったテープを消してしまったようなわけで、本当に有難いことです。少し元気になったら『みすず』にでも、戦中、戦後のフルトヴェングラー演奏の比較論でも書いてみたいような色気もちょっぴりあります。今週から心電図以下また一通りの検査がはじまります。予定が立たないのが一番こまります。しかし今度の東大紛争や私の病気を通じて、古風ないい方ですが、「人のなさけ」に触れ、他方でまた、本当に強靭な知性とにせもののひよわなそれとが、シー・スルーの衣装のように透けてみえてきたのは、意外の収穫と思っています。

〔葉書〕都内文京区本郷三ノ一七ノ一五
小尾俊人様
中央区築地五ノ一ノ一　国立がんセンター11病棟
丸山眞男

103　安田　武　　一九六九（昭和四十四）年八月十七日

拝啓、酷暑の折柄、お変りありませんか。小生入院中には、御懇篤な御見舞状をいたゞき、まことに恐縮しました。実は、すぐ御返事を書きかけたのですが、やはり疲労するのと、どんなに言葉を尽しても尽せないものを感じましたので、とう〳〵出さずじまいになってしまいました。一応精密検査がおわり、差当たり危険がないことが分りましたので、一まず退院しますが、当分療養生活がつゞくと思います。

あの際、御手紙を出そうと思いましたのは、御礼もさることながら、貴兄が毎日新聞に書かれた「わだつみの像」破壊についての一文に強く共鳴し、激励（こちらが臥床していながら激励も変なものですが）の気持を伝えたかったからです。御論旨はごくあたりまえのことですが、あたりまえの批判があたりまえとして通らず、ハプニングにすぎない出来事に、事後からもっともらしい理窟をつけて合理化するインテリがわれわれの親しい周囲にも少くないのは、まったくオドロキです。いかに、「事件」に弱く、「事物を信ずるの軽々にして、また之を疑ふの早急なる」[1]（福沢の批評）がわが知識人の「知性」の通弊にしても、ちょっと昨今はひどすぎるようです。「反体制」を自称するひとたちが、週刊誌やテレビの寵児として追いかけまわされ、映画俳優も及ばぬ「ファン」を集めている光景——世の人にいやしめられ、はずかしめられ、石をもて追われた、いにしえの予言者たちが見たら間違いなく卒倒するような光景——を一向に奇異に感じないような不感症の患者が、かえって、あたり前のことをあたり前にいい、あたり前に行動する人を指して、「新しい時代の鼓動」への感受性がたりない、などとしゃらくさいせりふを口走るのです。こうした「時局便乗」の徒（新体制時代のインテリもそうでしたね）を断乎として無視しようではありませんか。日本の精神風土のなかでは、——自民党から全共闘まで声をそろえて、「古きものの脱皮」のシュプレヒコールや「未来の若き（しかも生理的に！）エネルギー」の賛歌を競い合っている日本の風土のなかでは、精神の持続こそが、もっともトータルに「現状」に対立し、そのゆえに実はもっとも革命的な意味をもっているのです。

もう少し涼しくなったらまた閑談をしましょう。御自愛を祈ります。

八月十七日

丸山眞男

安田武様

〔郵便書簡〕都内、保谷市東町三ノ七ノ二

武蔵野市吉祥寺東町二丁目44の5
丸山眞男

（1）福沢諭吉『学問のすすめ』「十五編　事物を疑て取捨を断ずる事」（『福沢諭吉全集』第三巻、一二五頁、岩波文庫版、一三七頁）参照。

104　家永三郎　一九六九（昭和四十四）年八月二十九日

謹啓、その後すっかり御無沙汰してしまいました。御きき及びかと思いますが、小生去る三月以来、はじめは心電図異常で、やがて肝臓障害で、武蔵野日赤に入院、その後、国立がんセンター病院に移り、過日ともかく退院しましたが、その間、厳重な安静を命ぜられておりましたので、貴兄に東大法学部出講の御礼も申上げることもできず、今日に至りました失礼をお許し下さい。肝臓は慢性化の徴候を示し、急には快復しないようですが、今のところ、肝硬変とかガンとかいった危険な症状に転化するおそれもなさそうですので、他事ながら御放念下さい。目下、伊豆で療養しております。

本日とりあえずペンをとりましたのは、朝刊で、貴兄が教科書裁判の件で、色々な形で脅迫されている旨を知り(1)、あらためて強い怒りを覚えるとともに、微力ながら御見舞と激励の意を一言お伝えしたかったためです。裁判については、いつも心にかゝりながら、昨年秋以来、こちらも大学紛争に忙殺され個人的な形での御見舞ができないことを心苦しく思っておりましただけに、今度の報道は強いショックでした。もちろん、——とくにあゝいう形で大きく報道されただけにかえって——「客観的に」いえば、貴兄及び御一家にたいする直接の危害といった事件がおこる可能性が高いとは思われませんし、むしろ「世論」には被告側に不利な効果しかないでしょうが、そうした一切の見透しをこえて、貴兄がお感じになられたであろう絶対的な精神的苦痛と不愉快さを想像すると、申し上げる言葉もありません。私がむかし軍隊で古参兵にいじめられたとき、ある上等兵が私をひそかに呼んで、「あゝいう奴らを人間と思うと我慢できないから、豚か猿にくいつかれたと思え」といってくれたことがあり、それ以来、憤慨よりもむしろ軽蔑をもって、こういう連中に対するようにつとめる修養(?)をしました。なかなかむつかしいことでしたが、精神衛生上は確かにその方がいゝようです。

むしろ、貴兄のケースで、本当に唾棄すべきやからは、正確な名は忘れましたが、「家永訴訟において文部省側を支持する組織(2)」に結集して、しかも自分はリベラルとか「自由人」とか称しているインテリだと思います。どうか目に見えない人々の、目に見えない形での支持をも信じられて今後とも御奮闘下さい。臥床中の私には、そう申し上げる以上に何もできないのが残念です。

そのことと全く話は別ですが、私はまた私なりに、東大紛争をめぐる私の「言動」(マス・コミを通ずる!)ないしは「沈黙」(奇妙なことに、これまたマス・コミで、発言しない、という意味です。私は学生諸君とは無数の機会に議論を交わして声をからしました。呵々)をめぐってのイメージの増幅に閉口しています。福沢のいわゆる「何ぞ事物を信ずるの軽々にして、亦之を疑ふの早急なる(3)」という評論家の体質は一向にかわりませんね。それに、あるトピックについて熱風のように一つの方向性をもった（反動的であれ、自称革命的であれ）精神的潮流が形成されると、おどろくべきコンフォーミズムがインテリの世界をも支配する、という点でも、一体戦後日本は「一個独立の気象」においてどれだけ進歩したのか、むしろテレビ・週刊誌文化の画一性によってそうした傾向に拍車がかけられたのではないか、と疑われます。

しかし療養していて気焔をあげても仕方がありません。この便りはなにより家永訴訟にたいする私のささやかな、しかし、変ることのない連帯と支援の意を、今朝の報道に触発されてあらためて表明するためにしたためました。御自愛を心から祈り上げます。

一九六九年八月二十九日

丸山　眞男

家永三郎学兄

（手許のレター・ペーパーがなくなりましたので、こんな書き損じの紙をつかった事をお許し下さい！）

〔封書〕東京都練馬区東大泉町九〇三
家永三郎様
東京都武蔵野市吉祥寺東町二丁目四四の五
丸山眞男

（1）『朝日新聞』一九六九年八月二十九日号の「教科書裁判　事実調べ終る　家永氏宅にいやがらせ」という記事。

家永三郎が起こした教科書裁判第二次訴訟（一九六七年六月二十三日提訴）の第二回原告本人尋問の日（六九年八月二十八日）の未明から早朝にかけて家永の自宅に脅迫電話や無言電話、電報が届けられ、自宅前では「売国奴がんばれ」などと十人前後の男たちが大声をあげた（「教科書訴訟十年」『家永三郎集』第十四巻、一九九八年八月、岩波書店）。

（2）一九六九年六月十一日に結成された教科書を守る会（会長は一九六六年に発売された「期待される人間像」起草の中心人物で中央教育審議会委員の高坂正顕、後に東京教育大学長三輪知雄にかわる）。

（3）書簡103注（1）参照。

105　今井壽一郎　一九六九（昭和四十四）年十月一日〔消印〕

拝復、小生病気以来、たびたび御見舞の御便りをいたゞき、また結構なものをお贈り下さって感謝に堪えません。どうやら肝炎も慢性化したようで、さし当り命に別状ありませんが、長期戦でたえず警戒を必要とし、ヴェトナムのアメリカのごとく厄介なことになりました。貴君も肋間神経痛とか――これまた肝臓と同じく、治療のきめ手のない病気で、さぞお困りと存じます。切に御自愛を祈ります。

東大紛争――一体私には、医学部問題とか、都市工学の問題とかそれぞれ特異で個別的な問題を通じ、ずる「東大」一般の矛盾とか問題とかは何なのかということ自体がよく分らないのです。江戸の「ふりそで火事」のような所があるのです――について、直接にお話する機会を持ちえませんので、おそらく、貴君も外から見ていて、御不審と思われる事が多々あると思います。私もほんの一局面しか体験していませんが、そのうちにお目にかゝって見聞をお話しましょう。むしろ私は、ゲバ学生よりも、世の「評論家」たちの態度――ろくに調べもしないで、マス・コミの断片的報道からの臆測や、安田城攻防のような「事件」(1)のショックで、ひとのことをパリサイ人的にあげつらう軽薄さとコンフォーミズムに呆れています。一筆御礼まで。

〔葉書〕都内、新宿区角筈三ノ二一
今井壽一郎様
ムサシノ市、吉祥寺、東町二ノ四四ノ五
丸山眞男

(1) 一九六九年一月十八日、警視庁機動隊八五〇〇人が東大安田講堂などの封鎖解除に出動。東大闘争支援の全共闘系学生や市民は御茶ノ水駅周辺で街頭バリケード闘争を展開。十九日、安田講堂封鎖解除に投入された機動隊八千人、警備車七百台、ヘリコプター三機、カッター二十三、エンジン削岩機四、ハシゴ車十台、消化器四七八、催涙ガス弾四千発、学生の投石・鉄棒などトラック六台分。三七四人の検挙者を出し、封鎖は解除された。

106　岡　義武　一九六九（昭和四十四）年十月二日〔消印〕

がんセンター入院中は御鄭重な暑中御見舞をいたゞきながら、その後、御無沙汰に打過ぎ、失礼の段お許し下さい。退院後は、東伊豆山の方にしばらく行って、熱海の国立病院（院長が東大系で肝臓専門です）に通っていましたが、博士論文審査等のこともあって目下は自宅におります。亜急性ということで、あるいは完全治癒も可能かと希望的観測をしておりましたが、どうやら現在の状況では、慢性肝炎に移行したようです。どうもこの年になって生活のリズムを一変するのは、文化大革命的強制でも受けないと無理ではないかという気がします。

三谷〔太一郎〕君が渡米しましたので、明治文庫の代りの運営委員を政治関係から補充しなければなりませんが、御承知のように現在のスタッフでは、三谷君に実質的に代りうる人がいないので、どうしたものかと弱っております。もし先生に何かお考えがあれば、御教示賜れば幸いです。そのほか、お目にかかって、そこはかとないオシャベリをしたい事は多々ありますが、まだ運動量を最少限に制限されておりますので、今日はとりあえず、一筆御礼まで。

草々

〔葉書〕都内、大田区、大森山王二ノ一三ノ一二

岡義武様

武蔵野市、吉祥寺、東町二丁目44—5

丸山眞男

107 福田歓一　一九六九（昭和四十四）年十月八日〔消印〕

福田歓一学兄

前略、先日の大学院合同会議の折は、できればもっとゆっくりお目にかゝって、入院中の御見舞、その他の御配慮の御礼なりと申し上げたかったのですが、ああいう機会ですと、顔を合せては話し出す人々が次々ときりがなくなるおそれがありましたので、失礼ながら、要件の済む早々に引揚げさせていただきました次第です。

本日この手紙を差上げますのは、失礼という点ならば、先日とは比べものにならぬほど礼を失することになります。そのことを重々承知しながら、久しく熟慮しました揚句、特定の方々には、こういう手紙の形でまづはじめに、私の意向をお伝えするよりほか、方法がない、と考えてペンをとりました。私の意向というのは、健康上の理由により、来年三月を期として退官することを認めていただきたい、というお願いです。これと同文の手紙を差上げる方々は、法学部同僚中、辻・斎藤・岡・福田・篠原・坂本の六教授です。なぜ、まずこの方々に限ったか、といえば、政治関係の教授で、しかも長い間公私ともに関係が深かったという基準で一応他の方々との間に線がひけると考えたからです。なぜ同時に同文の手紙を出すか、といえば、右の方々と私との関係ということになると、色々な基準のとり方によって順序がちがってくるので、誰々から先に、ということを決めにくいからです。純粋にパースナルなお便りでないことは、親しい人でも法律関係の方はさし当りはずしたことからお察し願えるでしょうし、さりとて純粋にフォーマルな意思表明でもないことは、〔平野龍一〕学部長を加えていないところでもお分りと存じます。いつ、どういう形で学部長の耳に入れるかは皆様の御意見に俟ちたいと思いますが、この手紙が、まず相談をかけるとか、打診してみるといった段階のものでない点ははっきりさせておきたいと存じます。水臭い奴というお叱りは覚悟の前です。

この決意にいたるまでの私の気持なり、個々の方にたいする私のつらい思いなどは、いずれにせよ、お会いしてお話しなければ到底お伝えできませんので、ここではとりあえず消去法によって理由を説明するにとどめておきます。上に健康上の理由と申しましたのは、むろん通り一ぺんの表面的辞句ではなくて文字通りのことであり、それが唯一の理由です。東大紛争にたいする責任とか、紛争の過程の出来事、ないしは紛争処理の仕方にたいする批判、ということは、たてまえのうえでも実質的にも直接の理由になっていませんし、するつもりもありません。もし紛争を理由とするなら、これまでにいくらでも時期があったでしょう。この問題で個人プレイはしない、というのは去年末からの一貫した私の考えでした。むろん今回の私の病気は紛争が原因でないにしても、紛争の疲労との関連性は否定できません。ですから私の日常的生活態度と私の健康状態（この二者の間にはまた、相互作用があります）を前提とする限り、今後定年までの五年間を現在のポストにいて職責を果しうる見込が到底ない、ということを私に確信させるうえで、今度の紛争が一つの契機になったのは確かです。ただ、私の健康と、私の現職にまつわる有形無形の負担とを紛争以前の時点における所与として考えてみても、両者を両立させるためには、私の未完成の仕事を進めたり、新しい計画に着手したりすることを一切放棄せねばならず、ここ数年間に増大して来たその苦痛は次第に堪えがたいものにまで、私の心の内部に生長していたのです。それを懸命におさえて来たのは、やはり戦前戦中の私にとって一種の国内亡命の地であった法学部研究室への愛着であり、またこの御手紙を差上げる諸兄との間の精神的な絆でした。むろん直接的には、学年延長問題の発生、それと関連して政治学関係の研究・教育をどう位置づけるかという問題へのSorge〔配慮〕、さらに最後に医学部紛争の拡大、などのあいつぐ事態が否応なく私の義務感をかき立てたからですが、そうした義務感にしても、思えば前者の「土台」感情の上部構造以上のものではありません。私の心のなかでとっくに固まっていた気持を諸兄にいいそびれたのも、ひとえにそういう感情からでした。私は御承知のように性傲慢で、ひとに憐みを乞うのを潔しとしませんが、せめてこの手紙を差上げる諸兄には――いずれ個別的にもっと詳しくお話しますが――右事情を理解されて、「もうよい、このへんで放免してやる」ということを気持よく言って下さることを願わずにはいられません。

講座の問題、指導下の助手・院生の問題、その他「後始末」に関することも私なりに考え抜いているつもりですが、それこそこういう手紙で書くべきことではないと思いますので、私個人の将来のことと共に、直接お目にかゝってお話したいと思います。重ねてこういう唐突な形で、お気持をかきみだすような申出を致しました非礼をおわびし、御指示によって、どのような方法・場所でなりとお呼び出しに応ずることを申し添えます。　草々

一九六九年十月　日

丸山眞男

追伸、冬学期の講義・演習はこの申出の有無にかかわらぬ問題として考えたいと思います。現在の病状では残念ながら学部講義の週二回は無理ですが、一回ないし大学院ならやれます。

〔封書〕〒115　東京都北区赤羽台二ノ二　RF四〇八
福田歓一様
武蔵野市吉祥寺東町二丁目44の5
丸山眞男

108　松本三之介　一九六九（昭和四十四）年十月〔推定・日不明〕

松本三之介様

先日は留守中お電話をいたゞいたそうで失礼しました。またこのたびは『天皇制国家と政治思想[1]』の御著作を未来社よりいたゞき有難く存じます。つまらぬエピソードですが、最初あの御著作の広告が『未来』に載ったとき（私がまだ入院中でした）「丸山政治学の逸材」云々の広告文句があったので、病室から自宅に早速電話してあの文句は削除してくれと申入れ、未来社の松本〔昌次〕君もよく分ってくれた筈なのに、最近の『読書人』か何かにまた同じ文句がのったのを見てアタマに来た次第です。前の場合に、未来社に言った趣旨は、（イ）大義名分と（ロ）現実的効果との二つの点からでした。（イ）については、「昨日今日大学院を出た研究者じゃあるまいし、著者に失礼じゃないか」ということ。（丸山政治学などという奇妙な表現を他ならいざしらず未来社が用いるのは呆れましたがそれは一応別としても、です）（ロ）については、そうでなくてさえ、大学問題でマス・コミや評論家のつくり出す「イメージ」が「事実」を圧倒的に圧倒している現在、教育大で困難な仕事で日夜労力していられる貴君にとって、ああいう不用意ないい方がいかに迷惑であるか、ということです。もしかすると未来社の方から小生からの抗議（?）の話が伝わるかもしれないと思い、その際趣旨がまちがって伝えられるといけないので、事柄としてはくだらぬことですが、御礼のついでにお報らせしておきます。

新聞によるとまたまた評議員になられた由、御同情に堪えません。東教大文学部のこと、それこそ「事実」を知らないので言いようもありませんが、心外の結果になったお気持だけは分るつもりです。けれど勝敗は兵家の常、大事なことは力関係の推移で「精神」が動揺しないことだと思います。家永〔三郎〕君も教科書問題をひかえて本当に気の毒です。教科書問題と靖国神社法案問題[2]にたいする、全共闘系の運動における無関心ほど、彼等のいわゆる「内面性」や「良心」の外面性をバクロしているものはないと思います。（民青がマシというわけでは毛頭ありませんが。呵々）私の病気（肝炎）はついに慢性化したようで、生活設計を根本的にたて直さねばなりません。とりあえず御礼まで。くれぐれもお体御大事に。

〔郵便書簡〕都内保谷市ひばりが丘二ノ八ノ三三
松本三之介様
武蔵野市吉祥寺東町二丁目44の5

(1)『天皇制国家と政治思想』(一九六九年、未来社)。
(2) 一九六九年六月三十日、自由民主党は靖国神社の国営化を内容とする靖国神社法案を、議員提案により初めて国会に提出した(審議未了)。以後、同法案は毎年国会に提出されたが、四回廃案となり、七三年には継続審議となったが、翌七四年廃案。以後自民党は首相・閣僚らの公式参拝による同神社の公的復権へと方針を転換した。

109 宮田光雄　一九六九(昭和四十四)年十月十三日

宮田光雄様

謹啓、久しくお目にかゝる機をえませんが、御元気の御様子でなによりです。小生は去る三月以来、肝臓炎と診断され、二度入院して精密検査の結果、現在のところ肝硬変の心配はないが肝炎はすでに慢性化しており、長期抗戦のほかなかろう、ということです。今度の病気であらためて、医学における診断方法のおどろくべき進歩と、治療法のおどろくべき未発達とのコントラストを痛感しました。大学紛争の途中でたおれて、同僚諸君には申し訳なく思っております。

先般は、御高著『現代日本の民主主義』[1]をお贈り下さってまことに有難く存じます。療養のため離京しておりましたので、御礼がおくれましたことをお許し下さい。

巻頭に小生の言葉がいきなり引用されているので正直のところドキリとし、同時に面はゆく思いましたが、それはともかく、本書だけでなく、貴兄の最近の御活躍は目のさめる思いがします。奇妙な異端ごのみ——それ自体、日本の陳腐な「伝統」なのですが——が流行し、知識人たちが、かつて福沢によって「何ぞ事物を信ずるの軽々にして、また之を疑ふの早急なる」(2)と批判され、「旧を信ずるの信を以て新を信ずる」(3)ところの「軽信軽疑」(4)を指摘されたときからほとんど変らぬような時局便乗のオッチョコチョイぶりを発揮しているときに、貴兄の、正眼にかまえた民主主義のための論陣は一段と光って映ります。

当分の間は、宮本武蔵のような両刀使い、いな、多刀使いが必要な状況が続くように思われます。それにしても靖国神社法案問題にたいする関心の低さ——それもマス・コミだけでなく、「学問・思想のあり方を根底から問うた」と自称他称する全共闘学生をふくめて——は、一体日本人が大日本帝国時代からどれだけ「新しく」なったのか疑わずにはいられません。

ついつい「病人の気焔」をあげてしまいましたが、これは御礼の手紙のつもりです。御自愛を祈ります。　草々

十月十三日

丸山　眞男

〔郵便書簡〕仙台市荒巻滝道山一〇ノ一〇二
宮田光雄様
武蔵野市吉祥寺東町二丁目44の5
丸山眞男

（1）『現代日本の民主主義——制度をつくる精神』（一九六九年、岩波新書）。
（2）書簡103注（1）参照。
（3）福沢諭吉『学問のすすめ』「十五編　事物を疑て取捨を断ずる事」（『福沢諭吉全集』第三巻、一二九頁、岩波文庫版、一四一頁）参照。
（4）同右（『福沢諭吉全集』第三巻、一二九頁、岩波文庫版、一四一頁）参照。

110　世良晃志郎　一九六九（昭和四十四）年十月十四日〔消印〕

久しく拝眉の機をえませんが御元気のことと存じます。小生もどうやら——といいたいところですが、昨年からの大学紛争の肉体的疲労がたたったのか、三月は入院して精密検査を受けたところ、肝障害が発見され、今日ではついに慢性肝炎と診断されてずっと大学は休んでいます。小生の健康も、どうやら無事な器官を挙げた方が早そうです。

ところで先般は御訳書『古ゲルマンの社会組織』をお贈り下さってまことに有難く存じます。私にはまったく専門外で、論あげつらう資格がありませんが、貴兄の「あとがき」にはたいへん教えられました。というのは、そこで触れておられる領主制説と自由農民説の論争史で、かりにウェーバーの自由農民説が三〇年代の領主制説によって実証的に「克服」された、としても、（必ずしもそうも言えないようですがそれは別として）ウェーバーの「理論」は生きている、と言われている点です。日本の学界では、日本の学者の業績にたいして、こういう評価の仕方は残念ながらほとんどなされていないのではないでしょうか。私には、そのこと自体「日本の思想」の問題として興味があるのです。いわゆる「事実主義」の伝統と、それからもう一つ、何かというと、「のりこえられた」とか「決定的に克服された」とかいう、一種の時間的単線進化の思想と！　お元気で。

〔葉書〕仙台市川内大橋通12　川内住宅76号
世良晃志郎様
武蔵野市吉祥寺東町二丁目44の5
丸山眞男

（1）マックス・ウェーバー『古ゲルマンの社会組織』世良晃志郎訳（一九六九年、創文社）。

111　木下順二　一九六九（昭和四十四）年十月十七日〔消印〕

木下順二兄

熱海ではたいへん楽しかったけれど、貴兄のお役には一向立たなくて申訳なし。あのあと博士論文審査、大学院研究指導など、ちょっと負担のかゝることが続いたけれど、十月二日の東大の検査では、ほとんど停滞状況で、まづこのへんの数値で慢性化したと見てよかろうとの御託宣でした。そういえば、他の内科教授とともに吉利〔和〕(1)教授室も医局造反組で封鎖された由。相手が学生の場合よりも厄介と想像されます。

貴兄だけに内々で洩らした小生の一身上のこと、本年度末（つまり来る三月）を機として、辞めたい意思をとりあえず政治関係の六人の教授に同文の手紙を書いて伝えました。[2] 辻〔清明〕君はじめチーム・ワークの良かった連中ばかりなので、ほかの人には分らない辛い思いです。誰も傷つけたくないので、理由は健康の一点ばかり。そうでなくてもマス・コミがうるさいので、東大紛争で個人プレイはしないというのが最初からの小生の方針でした。何とかして、ひとに気付かれないで東大からひっそりと消えて行きたい、というここ数年来重く心にのしかゝっていた途にやっと一歩をふみ出したわけですが、法学部のなかだけでも納得させるのに、これからが一苦労です。まだ学部内でも数人しか知らないので、むろん吉利先生には何も言っていません。ただ、もっぱら「病軀その職に堪えず」を理由としているので、（三年前の学部長辞退の場合でさえそうだったので）吉利先生に法学部の誰かが「本当に職に堪えないのかどうか」を打診に行くは必定と思います。ですから、別にわざ〳〵そのために、貴兄をわずらわす意図は毛頭ないけれども、何かの折に吉利先生と小生の話が出たら、「自分（木下）が知っている丸山の日常生活や仕事ぶりからいえば、彼のやりたい仕事と教授の負担とを今後両立させるのは無理だと思う。好きな途を進ませてやりたい」という意味の「意見」を先生に伝えてくれたら、感謝感激のほかありません。なお、申すまでもなく、当分この件厳秘に（たとえば日高〔六郎〕君などにも）願いたし。当方しばらく在京するので、そのうちお目にかゝって「裁判」話のつゞきをしたいものです。

〔郵便書簡〕都内、文京区向丘二ノ二三ノ四
木下順二様

武蔵野市吉祥寺東町二丁目44の5
丸山眞男

（1） 吉利《よしとし》和《やわら》 一九一三―九二。内科学者。一九三八年東京大学医学部卒業。一九六二年東大教授。一九七六年退官後、国立浜松医科大学長を経て一九八六年から日赤医療センター院長（―一九九〇年）。
（2） 書簡107を指す。

112 福田歓一 一九六九（昭和四十四）年十月二十日

福田歓一学兄

拝復、先日は早速、御多忙のところ来駕賜わり御志まことに有難く思いました。と同時に、貴兄に容易ならぬ御心労をおかけしていることを――予想したことながら――本当に心苦しく存じます。御申越の、同僚への話し方の件、むろん気をつけるように致します。そうでなくてさえ、組織へのロイヤルティの伝統が、外国はもとより、日本の他大学・他学部にくらべてわが法学部は非常に強いところへもって来て、昨今の――まったく予想外の――悪いタイミングに「転職」などという話が出たら、心理的な抵抗がどんなに大きいかは想像に難くありません。世の中には、そのこと自体少しも非難されるいわれのないことでも、あるタイミングと結びつけば、弁解のしようもない「悪」となる例があることは私も承知しています。また事実、数年前なら別として、東大紛争以後は、辞職という形で学部を去ることは私の思いもよらないところでした。先日はただ、「辞めても、私にたいするイメージに由来する煩わしさは変らないのではないか」という話題になりましたので、たびたび日本から姿を消せば、すくなくも現在よりは「たった一人」になれるのではないか、という気持で、お話したままでです。

一昨日、突然、南原〔繁〕先生の御来訪を受け、一瞬ギクッとしましたが、「福田君から病状をきいて一応様子を見に来ようと思って」ということで、単純な御見舞で、二、三十分雑談をして帰られました。私の入院中、沖中〔重雄〕先生が来られた折に、「われわれ弟子が言ってもなかなかきかないから、(沖中)先生から健康のことを十分くぎをさしておいて下さい」とたのんでおいたのですが、どうもまだ伝わっていないようです。

名古屋大学の件はほんとうに困ったことです。すぐいい智恵も浮びませんが、心にはとめておいて、干渉がましく取られない形でM君に自重させる方法を考えます。

自宅での研究指導は、とくに病状悪化しないかぎり今週から定期化して行くつもりです。

貴兄には、今後とも色々おすがりせねばならぬことがでて来ると思います。御遠慮ない忠告や助言を切にお願いします。それにしても、貴兄御自身のお体をどうかcareされて、滅私奉公もほどほどになさって下さい。　草々

十月二十日

〔封書〕〒115　都内、北区赤羽台二ノ二　RF408
福田歓一様

〒180　武蔵野市吉祥寺東町二丁目44の5
丸山眞男

113　高木博義　一九六九（昭和四十四）年十一月二十八日

前略　御免下さいませ。

先日は見事な富有柿を沢山にお送り頂きまことに有難うございました。いつも御心づかいに恐縮して居ります。御承知かも知れませんが、丸山、この三月以来の肝炎で、いまだに安静を命じられ、療養生活を送って居ります。大学の方もまだ余燼が残っている感じですが、当分はお休みさせて頂くことになりそうでございます。

まずは一筆御礼かた〲近況お知らせまで。

お寒さに向います折からくれ〲も御身体御大切に。　かしこ
十一月二十八日

〔絵葉書〕名古屋市瑞穂区萩山町二ノ六一ノ二
高木博義様
むさしの市吉祥寺東町2－44－5
丸山眞男内

114　家永三郎　一九六九（昭和四十四）年十二月二十四日〔消印〕

暮れもおしつまって来ましたが、御元気ですか。今般は『教育裁判と抵抗の思想』(1)をお贈りいたゞき、有難く存じます。何度も繰返しますが、とくに今年は大半を病床ですごしたため、教育裁判の最終段階に何もお手伝いできなかったことを遺憾に思います。しかしヨリ一般的にいえば大学紛争のため、とくに代々木と反代々木との「自己目的化」した抗争のために、本来もっと多くのエネルギーが結集さるべき、また、もっと雑誌などでもその意義が強調さるべき家永裁判が、それだけ影がうすくなったのはかえすぐ〵も残念でした。（いうまでもなく大学紛争に意義がないというのではなく、たゞあまりにジャーナリスティックな形で話題を独占した感がします。）私は直観的には、すくなくも第一審は原告に有利な判決になるような気がしますが、mental climate は、日本ローマン派が復活したり、この間までの左翼文学者が、こういう日浪派と野合したり、いよいよ奇々怪々になって行くでしょう。まぁお互いに長生きするようにしましょうよ。一言御礼まで。

〔葉書〕練馬区東大泉町九〇三
家永三郎様
東京都武蔵野市吉祥寺東町二丁目四四の五
丸山眞男

（1）『教育裁判と抵抗の思想』（一九六九年十二月、三省堂）。

115 小田耕一郎* 一九七〇（昭和四十五）年一月一日

賀正

昨年は大半の年月を病床で過す身となりましたが、この間さまざまの心あたたまる御配慮をお寄せいただきましたことは感佩喩ふる所を知りません。私の健康もどうやら現在の日本と同じく、悪い個所よりもまだ異状のない部分を挙げた方が手取り早い状態ですが、何とか養生につとめて年来の仕事に取組むことよりほか、皆様の御厚情に報いるすべはないと存じます。日暮れて途遠い感はいたしますが、私に可能なペースで歩みを続けたいと思っております。

一九七〇年元旦

〒180 東京都武蔵野市吉祥寺東町二丁目44の5

丸山 眞男

〔ゆか里夫人加筆〕暮には結構なものまことに有難うございました。
早速愛用致して居ります。

〔年賀状・印刷〕岡山市西川原377
小田耕一郎様
〒180　武蔵野市吉祥寺東町二丁目44の5
丸山眞男

＊　小田耕一郎　一九三一年七月、岡山県生まれ。岡山大学法文学部哲学科卒業。倫理思想史専攻。岡山大学法文学部副手。広島大学大学院中途退学。その後、岡山県内の県立高校非常勤講師、専門学校講師を歴任。一九七八年頃より会社経営。複数の会社顧問で現在に至る。丸山眞男手帖の会会員。二〇〇三年現在「丸山眞男先生を師として」を『手帖』に連載。（小田耕一郎）

〔同文の年賀状は他に西田毅・橋川文三・安田武宛（加筆なし）〕

116　三谷太一郎＊　一九七〇（昭和四十五）年一月二十九日〔消印〕

新年おめでとう。昨年はいろいろ御心配にあずかり、恐縮に存じます。またニューヨークからのお便りたいへん楽しくなつかしく読ませていただきました。私が東部に滞在していた一九六一―二年とは、アメリカの様相もおそろしく変ったようで、もし健康を害しなかったら、その変化の一部なりとこの眼で見られる機会があったろうに、と残念です。グリニッジ・ヴィレッジなどに行かれましたか。書物はどこでも読めますから、せいぜい色々な階層や人種の人と直接にコンタクトする機会を利用されたらいいと思います。どうも日本に伝わってくるアメリカのニュースは——学界の動向から街の風俗にいたるまで——ごく一部の、あるいはもっとも先端を行く傾向だけがあたかもアメリカ全土を風ビしているかの如きイメージを与える傾向がこれまであったし、いまでもおそらくあると想像されますので、その点、とくに歴史家としての貴兄に、アメリカのもつ多様で複雑な諸側面を、急激に変貌するアメリカと変貌しないアメリカとを同時的にとらえて来ていたゞきたいと期待します。

小生の病気の方は、外見はだいぶ元気になりましたが、血液の生化学検査のデータではさっぱりよくならず、Kunkel やや上昇し、G.O.T, G.P.T は一進一退しながら一〇〇台と二〇〇台を往復しています。肝炎というのはまったく予測性がなく、ストマイのような薬もなく、まったく厄介な病気にとりつかれたもので、東洋流？　にいえばこれも不徳の致すところというほかありません。目下、大学院学生を相手に自宅で、頼山陽「通議」の講読をやっているだけで、研究室には出ておりません。どうしても来学年には、もう少しハッキリした身のふり方を考えねばならぬと思います。

今は一日一人二時間限度の面会を許されていますが、結構面会が毎日あるのにわれながらおどろいています。だんだん勉強する体力だけはついてきたようで、もっぱら続日本紀とか、政事要略とかいった「ふることぶみ」を読んでいます。political vocabulary の prototype と、その歴史的変化に興味があるからです。残念なのは、続々来日する音楽家たちのコンサートやリサイタルに行けないことで、この点、貴兄の身の上はとくにうらやましく思います。メトロポリタン・オペラのことは残念ですが、できれば帰りにヨーロッパに寄られてオペラを見られるといいと思います。ニューヨークではオペラは文字通り建物の中だけで演じられていて、一歩外へ出ると全く別世界ですが、たとえばウィーンなどでは（夏のバイロイトやザルツブルグは別として）、街の中までStaatsoper〔国立歌劇場〕からふくいくとした香りが流れ出しているような感じで、そこに大きな伝統のちがいを思わせます。

大学の情勢はおそらく御友人などからおききでしょう。私もほとんど家にひっこんでいて詳しいことは知りませんが、吉祥寺の本屋で会った駒場の一教官は、「学生も教師もケロリとして過度正常化ですよ」と苦笑していました。他方一部の書評誌とか高級（？）評論誌では、インテリ部落の革命コトバ遊戯がますます亢進処置なし、と言うところです。情報化社会が日本の場合、コトバや思考タイプのコンフォーミズムを一層ひどくしているようです。御元気で。

408 EAST 65th St. APT. 4-G　New York, N. Y. 10021
MR. TAICHIRO MITANI
MASAO MARUYAMA MUSASHINO-SHI TOKYO, JAPAN
武蔵野市吉祥寺東町二丁目44の5
丸山眞男

＊　三谷太一郎　東京大学法学部教授（日本政治外交史担当）を経て成蹊大学法学部教授。学生として一九五九年度の丸山教授講義「東洋政治思想史」を受講。一九六三年から七一年まで教授会メンバーとして丸山教授に接する。『戦中と戦後の間』『「文明論之概略」を読む』のそれぞれの書評を雑誌『思想』に書く。（三谷太一郎）

117　小尾俊人　一九七〇（昭和四十五）年七月十日〔消印〕

拝復、『逆説としての現代[1]』拝受しました。小生甚だ不精で、自分の書いたものの保存が悪いので、こういう形でまとめていたゞくことは少くも個人的には便利で有難く思います。おついでの折で結構ですから、五部位とっておいていたゞければ幸甚です。

書物の注文で御面倒をおかけして恐縮です。『類聚名義抄』は本文だけでも結構ですから、購入していたゞきたく存じます。代金は今迄のものと一緒にお送りします。『論語徴集覧』借りっぱなしになっていて申訳ありませんが、いましばらく手許に置かせておいていたゞきたくお願します。徂徠集刊行の御計画については、もし必要なら、いつでも御相談に応じます。　敬具

〔葉書〕〒113　東京都文京区本郷三丁目一七番一五号
株式会社みすず書房　小尾俊人様
東京都武蔵野市吉祥寺東町二丁目四四の五
丸山眞男

（1）「みすず」編集部編『逆説としての現代』（一九七〇年六月、みすず書房）。「芸術と政治」（吉田秀和・丸山）「仁井田陞博士と東洋学」（川島武宜・竹内好・丸山）「近代日本と陸羯南」（西田長壽・植手通有・丸山）の対話三

編が収められている。

118　家永三郎　一九七〇（昭和四十五）年七月十六日

ハンケツヨリモ」レキシノホウテイニオケルキミノシヨウリヲシンズ　ル」オタガ　イニナガ　イキ
シヨウ」(1)
マルヤママサオ

〔電報〕ヒガ　シオオイズ　ミマチ九〇三
イエナガ　サブ　ロウ殿
二七二一サ　五六　アタミ　一三一　コ一・三〇
マルヤママサオ

(1)　家永三郎「七月一七日 その日の私」（『朝日ジャーナル』一九七〇年八月二日号）に所収。同文は『教科書裁判と裁判の独立』（一九七一年八月、日本評論社）に収録された。

119 安田 武 一九七〇(昭和四十五)年七月二十五日〔消印〕

酷暑が襲ってまいりましたが、御元気でしょうか。肝機能検査の結果はまだわかりませんか。肝臓学の大家丸山眞男という人の最新の学説によると、私のようにいわゞ決定的に慢性化し、G.P.T. 200台を上下しているような患者はもはや一喜一憂しても仕方がないので、それよりも、貴兄のように、まだ比較的に低い数値にある段階の方が、はるかに自重が大事のようです。(お目にかゝった折に説明します。) 重ねて日常生活の規律について警告を発する次第です。(現在の日本の全状況が絶望的なことはまったく同意見ですが、だからこそ) 貴兄には、まだまだやっていたゞかねばならぬ仕事があります。それにつけても、今度もまたせっかくの貴兄の御依頼のお役に立たなかったことを、心苦しく思うのみです。(「今度もまた」、という意味は、かつて小生ハーバードに赴任した際に、貴兄から重大な件を託されながら、結果的に何のお役にも立たなかったことが、──貴兄の現在の私生活の上では、遠い昔の悪夢にすぎなくなっているにしても──私の心の中には、貴兄にたいするすまなさの気持としてずっと沈澱しているからです)。右とりあえず一筆まで。 草々

〔葉書〕保谷市東町三ノ七ノ二
安田武様
武蔵野市吉祥寺東町二丁目44の5
丸山眞男

120　岡　義武　一九七〇（昭和四十五）年八月十二日

拝復、先日は偶然にお目にかゝれて思わず長時間おしゃべりし、御勉強の御邪魔をしてしまいました。楽しいおしゃべりだったせいもあって、それほど疲労もせず、たゞ待たせてあった車の運転手（普通は妻なのですが、その頃ちょうど体の具合が悪かったのでハイヤーをたのんだのです）に苦情をいわれただけです。

軽井沢への御心のこもった御招き、お気持だけでもどんなに有難い事かお伝えしにくいほどです。汽車旅行それ自体は、体にさわるというほどのことはないのですが、やはり五月の原因不明の「悪化」からまだあまり日が経っておりませんので、毎週検診を受けねばならず、そうなりますと遠出をすることはやはり精神的におっくうになります。まことに残念ですが、今回は遠慮させていたゞきます。それにしても、そこまで御心遣いいたゞく先生の御気持には、家内ともども、身にしみてうれしく存じます。私も昨年はじめからの病気の過程で、いや、さかのぼれば一昨年からの東大紛争の過程で、個人的にさまざまの体験をし、またジャーナリズムの道聴塗説に動かされた既知・未知の人から色々のヴァリエーションの批評を浴び、あらためてこの年になって、人の心の頼りなさと美しさ、優しさとを、二つながら垣間見る機会を得ました。これまで何かというと、かけこみ訴えとか相談とかをもちかけて来た人がプッリと音信不通になった（おそらく私が全共闘のシンパでも、「造反」教官でもなかった、というたゞそれだけの理由で、しかも、私に直接電話一本かけてきたゞす労もとらずに！）かと思えば、はるばる海のかなたの友人・先達から、いや友人とさえいえずたゞ同じ「学問共和国」の住人という程度の知合いから、私の病気を伝えきいて、すぐさま同情や激励や療養のための申出でやを寄越す、というまことに対蹠的な光景に接したことでした。先日もお話しましたように、慢性肝炎というのは、結核よりはずっと始末の悪い、「いやな」病気ですが、これをきっかけにそうしたさまざまの体験をしたことだけは、負け惜み或はやせがまんかもしれませんが、「有難い」ことと思っております。先生の御心にしみる御申出も、来年の夏にでもなればお受けできるようになれるでしょう。重ねて厚く御礼申上げます。

ちかごろはほとんど一歩も家を出ませんので、勉強の方も広く史料をあさるようなテーマについては当分おあづけというところです。例のロックフェラーの研究の件も気になっているのですが、直接的な対象となると、私の家にある貧弱な蔵書ではどうにもならないので、目下は、記紀以下六国史をあらためて熟読して、そこに出て来る政治的ヴォキャブラリーとその意味論を洗い出してみることをポツ〳〵やっております。ちょうど、明治初期にリバティを「自由」と訳し、ナチュラル・ライトを「天賦人権」と訳したときに起ったような異質的な文化の相互接触が、古代において漢字に日本語をあてて訓読みしたときに起ったわけで、その問題は、すくなくも政治思想の領域では今迄ほとんど手がつけられていなかったように思います。たとえば「政」という漢字を本来の意味と「まつりごと」という古い日本語の本来の意味（これは通説のように祭事ではなくて、「奉仕事」または「献事」の意味だということがほゞ間違いなく確定できます）とのくいちがいの問題、さらに祭事をまつりごとと訓じたことによって、政（事）のinplicationが「まつりごと」の中に浸透し、逆に「まつりごと」の意味が「政事」の中に投入され、後世になると、政＝まつりごとを誰も怪しまなくなる、といった問題は、明治以後のヨーロッパ政治語彙の「翻訳」過程の場合と類似したところが多く、（もちろん他方で大きなちがいもありますが）、大変面白いと思います。[1] ですから古代史の勉強もあながち、ロックフェラーシリーズの私のテーマと無関係ではないつもりでおります。（いや、むりに、弁解しなくてもいいよ、と笑われそうですね。）

病院のかえりにはできるだけ、〔明治新聞雑誌〕文庫によるつもりですから、また秋に先生とおしゃべりする機会があると思います。私の個人的な問題についても、じっくりと先生とお話したいと思っておりますが、いずれその折のこととして、今日はたゞ先生の御好意に対する御礼にとゞめておきます。

御自愛を祈り上げます。　草々

一九七〇年八月十二日

丸山　眞男

岡義武先生

〔封書〕長野県軽井沢町一三九四
岡義武先生

速達　平信
丸山眞男

（1）「政事の構造――政治意識の執拗低音」（『百華』第二五号、一九八五年十二月。『丸山眞男集』第十二巻）。

121　家永三郎　一九七〇（昭和四十五）年八月二十五日〔消印〕

御あいさつ状有難くいたゞきました。私もかねがね貴兄のために何かお役に立ちたいと思っていた矢先に、東大紛争激化、ついで病にたおれるという結果になり、甚だ不本意に思っておりましたので、せめて判決の出る前にさゝやかな激励たりと送りたいというところから、療養先の伊豆で打電した次第です。貴兄の場合には、公表をも予期してのことですから、どうかその点は御放念下さい。たゞ『サンデー毎日』流行語特集というのを偶然見たら「お互に長生きしましょう」という「流行語」を「丸山東大教授までが」使用した云々――（あゝ、またしても東大教授です）――とあるのには一驚しました。「お互に長生きしましょう」というのは、小生の文字通りの実感で、これが流行語だということは、その号を見るまでつゆ知りませんでした。お笑い種です。

なお、貴兄や大江健三郎君のところに来たのと、殆ど同じ脅迫状を小生も三ヶ月ほど前にもらいました（黙殺しましたが）。この点でも貴兄と運命共同体になったわけです。呵々。

小生相変らず病院通いをしており、自宅静養中ですが、精神的には元気です。どうか御体をお大事に。もう一度「お互長生きしましょう」。

〔葉書〕都内練馬区東大泉町九〇三
家永三郎様
〒180　東京都武蔵野市吉祥寺東町二丁目44の5
丸山眞男

122　団藤重光＊　一九七〇（昭和四十五）年九月六日

まだ残暑のきびしい毎日ですが、いかゞお過しですか。東大病院退院後、一度ゆっくりお会いしてあれこれおしゃべりしたいと思っていたのですが、小生の方は通院以外に大学にはまいらず、病院も車で行ってさっと車で引揚げるという状態ですし、さりとて、御多忙と分っている貴兄を遠い拙宅までお越し願うのも遠慮するということで、不本意ながら無音のまゝ今日に至りました。

御心配をいたゞいております小生の病状の方は、まあとくに良くもならず、悪化もせず、同じ様な状態がつゞいております。結局肝機能検査を定期的にくりかえしてチェックして行くということ以外にこれといったキメ手がないのが慢性肝炎の特徴で、何とも手ごたえのない薄気味悪い「敵」です。

同病で入院している患者が、これぱかりはなってみないとイヤさ加減が分らない、と異口同音に言っていましたが、実際、初期とか、とくに悪化したときの倦怠感を除くと、特別の病状とか生理的な苦痛がないだけに、療養生活には結核以上の忍耐力を必要とすることがつくづく分りました。医学的にも、一番のメルクマールとされるトランスアミナーゼ（G. O. T. とG. P. T.）数値の上昇が、正確に何を意味し、またその異常数値の程度が、どの程度肝細胞の壊死の進行と函数関係にあるか、というようなことがまだほとんど分っていないのですから、頼りない話です。肝炎は必ずしも急性→慢性という移行形態をとるのでなしに、いわゞはじめから慢性型で現われる場合が少くなく、その点では小生のケースはべつに例外ではないのですが、たゞ、一年以上経過しても、G. P. T. 数値の波が一〇〇〜二〇〇の幅で変動しており（正常値は東大病院では五―三五の範囲とされています）、その意味で亜急性状態《サブアキユート》がダラダラとつゞいているのが困るのだそうです。数値が高いなら高いなりに波がフラットになれば、炎症が落着いて来たことになるわけで、無理しないかぎり、日常的な仕事はやれるんだがと吉利〔和〕さんもいっています。きっと禅坊主のように澄んだ心境になれば、生理的数値も下るにちがいない、やはり不徳のいたすところと観念しております。でも仕事こそできませんが、本を読んだり、史料をノートしたりすることは、ちかごろはかなりつゞけても疲労しなくなりました。それだけでも精神衛生には大変よいようです。療養そのことは苦痛ですけれど、なにも一日中世界苦《ヴエルトシユメルツ》を背負っているような気分でいるわけでは毛頭なく、結構快活に過していますから、どうか他事ながら御休心下さい。

たゞ、小生の病気で一度ならず学部に迷惑をかけているうえに、退職の申し出で、またまた同僚諸兄をお煩せしているということは、何といっても心苦しい思いです。とくに、貴兄とか、野田〔良之〕君、来栖〔三郎〕君、（辻〔清明〕君はいうまでもなく）のように、あの戦争の精神的物質的ともに苦しい時代をともにくぐりぬけ、研究室で文字通り起居をともにした人々と、たとえ個人的なつき合いはなくならないでも、職場から別れるということは、あらゆる理屈をこえた感傷を禁じえません。小生が、昨年三月の病気入院と同時に退職を決意したにもかゝわらず、一番いいにくい思いをし、またそのことが知れたあと顔を合せるのにつらい思いをしたのは、かえって本来ならまっ先に打あけるべき、もっとも親しい関係――仕事上の近さでなく、個人的感情の上での――にある上記の人々に対してでした。ですから東大病院入院中、辻君から、「とくに近い、二、三の人だけ話したが、そのなかで団藤氏が「強硬」（？）で、〃なぜ政治の人はひきとめなかった〃といっておこられた」と、例の軽い調子でいわれたときにも、小生は当然予期した、またそうあるべき反応だとは思いながらも、ひとしお辛く、にがいものを胸に覚えたことです。ところが、貴兄が病室に来られて、まだ小生の気持を十分には伝えきれなかったにもかゝわらず、こころよく、あっさりと小生の意見を了解して下さったことは、どんなにか小生を「安心」させ、小生の気持を長い間の緊張から解放させたか、言葉に尽せません。よくぞ小生の我儘にたいして寛容を示していたゞいたとたゞ感謝あるのみです。むろん、私の退職の理由のなかには、現在まで依然として(イ)「このように長期間――すでに「前科」がありま す」――職場を休んで現職のまゝいるということは、誰であれ、規律上許されない。とくに大学が姿勢を正すべきときに、せめてそういう点で自己規律の筋を通さなければ、外部にたいして言うべきことも言えない」という「大義名分」と、(ロ)（今度は特殊的に私の場合に）「このような健康状態で、かりにあと四年在職したところで、学部にたいしてほとんど奉仕らしい奉仕はできない」という「事実判断」とが大きな座を占めています。しかし貴兄のような方に、右のような理由をもち出しても水掛論になるばかりなので、あの、お目にかゝった折には、敢て、病気になるずっと前から長い間私の内面にくすぶっていた、研究面の関心方向と現職に伴う「期待」や「責任」とのギャップという問題――つまり私の研究者エゴイズムからの動機の側面を率直に全面に出してお話申上げたような次第です。したがって、教授会で正式に上程される場合には、もっぱら病軀職に堪えぬこと、を理由にしていたゞきたく存じます。（決して表面上の理由ではなく、事実、そうなのですから。）と同時に、万事を大きくのみこんでいたゞいた貴兄の寛大さにたいして、改めて幾重にも御礼申し上げます。〔平野龍一〕学部長は夏休直前に教授一人一人に（病気や、外遊やの人をのぞいて）あらかじめ内意をきく労をとられたとのことで、その際、大多数の人は了解したが、二、三、「やはり極力慰留すべきでないか」という御意見の人もいたようにうけたまわっております。またまた、友情に甘えるようで恐縮の至りですが、法律関係でそうした話が出ましたときは、しかるべく御説得方、伏してお願致します。

まだ〳〵懇談申したいことは多々ありますが、またお目にかゝった折のこととして、本日は、退院後の御無沙汰のおわびと、御配慮の御礼をかねて、小生の現状の御報告と、今後のお願いを一筆認めました次第です。乱筆乱文の点はどうかお許し下さい。なお末筆ながら奥様にくれぐれもよろしく。

草々

一九七〇年九月六日

丸山 眞男

〔封書〕〒113　都内、文京区弥生二ノ一六ノ四
団藤重光様
〒180　東京都武蔵野市吉祥寺東町二丁目四四の五
丸山眞男

＊団藤重光　若かったころである。一九五〇年十一月の上旬、二人で信州の発哺《ほっぽ》温泉に一泊したことがある。丸山君の常宿だった。折からの名月が風呂場にまで差し込んで、湯舟の底に落ち葉が沈んでいるのまでが、はっきりと見えた。いい風呂だった。
風呂から上がって飲んだビールのうまかったこと。丸山君のお得意の草津節——それをドイツ語で歌うのだ——の名調子を今でも思い出す。翌朝ははやく出掛けた。谷間の白樺の幹の白、カエデやツタやウルシの鮮やかな赤。雑木の黄。いまでも網膜に焼き付いている。谷間はかなりのひろさだが、宿の人達がずっと見送ってくれていた。むこうへ渡り切ると、丸山君が「バカヤローッ」とどなる。むこうでも「バカヤローッ」とどなりかえす。

あとは平坦な山道だ。こんどは丸山君の得意の、シューマンの「ぶなの森」が始まる。もちろんドイツ語の歌詞だ。二人とも若かった。一九一三・一一・八生まれ。丸山君とは東大法学部と日本学士院でながく同僚であった。

（団藤重光）

123　家永三郎　一九七〇（昭和四十五）年十月六日

漸く秋らしくなって来ました。御健康の方はいかがですか。過日はせっかく御多忙中のところを拙宅に御見舞いたゞきましたのに、あいにく家を空けており、本当に失礼しました。このところは大体

ずっと家に居りましたのに、学期はじめのためか連日面会客でいさゝか疲れましたので、四、五日留守にしたわけですが、まことに運悪く、ちょうどその折に、珍客中の珍客のご来臨を賜ったことを妻から電話で伺い、文字どおり地団太ふんで残念がった次第です。どうかこれに懲りず、気晴らしの意味でまたお気軽においで下さい。何のおもてなしもしませんから、御心遣いなく、たゞ念のため電話で在宅をたしかめることだけをお願致します。

東教大での成行きを蔭ながら心配しております。一方的な辞職勧告とはまったく不可解の一語に尽きます。私は大学紛争には世間でしばしばいわれる世界共通の要素ももちろんありますが、それぞれの大学の内部事情の相異がかなり大きく、その面がこれまでのいわゆる評論家的大学論には、見過ごされているように思われますので、教育大にかぎらず、他大学の紛争——学生との、あるいは学生間の紛争にせよ、スタッフ相互の紛争にせよ——にたいして、伝聞や新聞報道だけで、軽々に判断を下すことを差控えております。したがって、筑波移転問題に端を発する東教大の内紛にしても、——友人関係からいえば学兄はじめ文学部の反対派に親しい知合が多く、自然の感情からすればそちらに同情したくなりますが——、教科書問題の場合のように、断乎貴兄たちのとって来られた立場を支持しその側《がわ》に立ったとはいいきれません。(何しろ分らないことが多いものですから。)にもかゝわらず、執行部が評議会の多数決で——しかも文学部長及び文学部評議員欠席の場で——特定教授の辞職勧告をするということは、法的に疑義が濃いだけでなく、教授会自治の根幹を否定する暴挙というほかありません。もし、教授会自治が実質上存在しないような非常状態だ、というのならば、そうした非常状態を招来したことについて、何故執行部は責任を問われないのか、何故文学部が一方的に、いわんやその中の特定教授が名ざしで、教授としての最高刑を言渡されねばならないのか、——それはほとんど常人の理解を絶しています。これは家永という固有名詞をぬきにし、また東教大紛争の内容をぬきにして、誰であれ、どこであれあてはまる最低の原則的考え方だと思います。わざ〱もっとも不適切な例を挙げますが、私は、東大紛争の際に、もっとも問題だった医学部の豊川〔行平〕・上田〔英雄〕両教授に評議会が辞職勧告をすることにさえ、反対でした。紛争の全学化にあたって両教授——とくに豊川医学部長——に大きな責任があることは自明です。にもかゝわらず、そうした方法で強制的に詰腹をきらせることは、大学自治に禍根をのこすと判断したのです。しかもこの場合は、医学部の学部長評議員が列席し、その学部長評議員も裁決に賛成して、さらに、みずから別個に、学部同僚としての二人にたいして辞職勧告を書いているのですから、形式的合法性の上では、東教大の場合よりもはるかにとゝのっているわけです。にもかゝわらず、この場合でさえ、紛争拡大の責任を特定教授に押付け、身分上の決断を外から迫るという行き方に私は納得がゆかなかったのです。事もあろうに、貴兄と豊川医学部長とを並べる非礼をお許しください。極端な例を出して、私の考え方をハッキリさせようとしたまでのことです。

　しかし、この問題は、ある意味では教科書問題よりももっと陰湿なだけにたたかいにくいこととお察しします。精神衛生上もよくないでしょう。事情を知らぬ外部からの老婆心ですが、当面大事なのは、文学部内の団結であり、また、移転問題それ自体について反対意見の——つまり移転派の——他学部教授の間にも、こうした辞職勧告については、いかに何でも不当だという声を一人でも多くひろげて行くことではないかと愚考します。何にせよ、あまり憤慨するのは体にもよくありません。「小人どもが何をうごめいているか、笑止千万なり」という立川文庫の豪傑的心境で悠々と頑張って下さい。現代ほど「光の子」が、ヘビの智恵、「闇の子」の智恵を必要とする時代はありません。

ご心配いたゞいている小生の病気の方はまああという停滞状態です。もう少し数値が下らないと社会復帰は無理です。小生も今後の行き方について、いろいろ考えておりますが、まあ来年にでもなれば、すこしは物も書けるようになり、貴兄のためにも友人として何かもう少しお手伝いできるのではないかと希望的観測をしております。ちかごろは、江戸時代の文献のほかに、記紀以下六国史をあらためて丁寧に読んで行って、「まつりごと」「まつらふ」「ことむく」「きこしめす（しろしめす）」「とりもつ」「かへりごとまをす」等々の政治的語彙の「原型」と、「政事」「帰服」「和平」「聴」「知」「執政」「覆奏」等の漢語の原意とのズレからして文化接触の問題を考えるような勉強をボチボチとやっております。どうも貴兄と反対にだんだん「過去学」の方に向っているので、叱られそうですね。

御自愛を祈ります。

十月六日

丸山　眞男

家永三郎学兄

〔封書〕東京都練馬区東大泉町九〇三
家永三郎様
〒180　東京都武蔵野市吉祥寺東町二丁目四四の五
丸山眞男

124　西田　毅　一九七〇（昭和四十五）年十月二十四日〔消印〕

京では時間が短く残念でしたが、御配慮有難く存じます。あの翌日、かなり強行軍（私の現在の生理的条件からいって）でしたが、御教示に従って大徳寺にゆき、芳春院・高桐院・龍源院を参観、それから光悦寺・仁和寺をまわってその足で京都駅にかけつけました。高桐院がとくに印象的でした。こんどもっと時間に余裕がある折りに、内田〔智雄〕教授にもお目にかゝりたく存じております。

〔絵葉書〕京都府久世郡久御山町栄一―一―五七
西田毅様
武蔵野市吉祥寺東町二丁目44の5
丸山眞男

125　三谷太一郎　一九七〇（昭和四十五）年十二月一日

拝復、久しぶりの長文の御書簡、うれしくかつ懐かしく拝見しました。御夫妻とも御元気で研究の御様子何よりと存じます。どうせ日本に帰れば、海外生活が夢ごとのように思われる topsy-turvy

〔あべこべ、さかさま、めちゃくちゃ〕な環境にまきこまれるにきまっていますから、せいぜい胸をはって甘い空気をたっぷりと吸って来て下さい。一寸の光陰軽んずべからず、です。

小生の退職の件につき、御心配を煩わし、また率直な御忠告をいたゞいて恐縮かつ有難く存じます。貴兄にはもっと早く直接にお便りすべきだったかもしれませんし、事実、何度かそうしようと思ったのですが、せっかく留学をエンジョイしていられるところに、あまり愉快でない事柄を小生自身が報らせるのをためらったことと、あの教授会宛の書簡にも書きましたように、所詮、直接お会いしてじっくりとお話ししないことには、小生の意図を御理解していただくことは困難と思われるために、つい書きそびれてしまいました。法学部スタッフというだけでなく、専門の関係からいっても、もっとも近い貴兄に前もって御しらせしなかった非礼をまずもっておわび致したいと思います。小生がこの決意をしたのは、今度の病気が判明した武蔵野日赤入院中でしたが、何といっても当時はまだ紛争の只中でしたし、たとえばマス・コミに妙な形で報道されることはもっとも小生の心外とするところでしたので、漸く昨年の十月に、第一段階として、政治関係の教授に——それも着任後、日の浅い坂野〔正高〕・渓内〔謙〕両教授を一まず別として——一斉にかなり長文の、同文手紙を認ためました。それからほぼ一年でようやく先般の、教授会宛の正式の辞意表明にいたったわけです。小生としては、退職の決意自体が、考えうる限りのさまざまのファクターを考慮に入れた揚句の選択でしたので、すでに相談という段階の問題ではなかったところから、法学部内の親疎の差とか、講座の遠近というようなことを一切無視して、右のようなステップをとったような次第です。ただ、何といっても一番直接に迷惑を蒙るのは政治関係ですので、まず政治関係教授に打ち明けて、後継者問題・差当っての講義の問題・助手や院生の研究指導の問題などをふくめて実質的な了解をいただこうと思いました。むろん貴兄が御手紙で書かれたような御意見もふくめて、さまざまの問題が、次々と拙宅を訪問される教授から出されて、何度か立入った話し合いをしました。小生の退官を原則的に止むなしという公開の段取り、時期等について慎重な考慮が払われた末に、夏休直前に平野〔龍一〕学部長が一人一人の教授に小生の辞意を伝え、夏休が明けて、学部長が交替する直前に教授会に公表された、というわけです。学内紛争は一応おさまったとはいえ、益々繁忙な行政的仕事をかかえている諸教授に、小生の方から催促がましいことをいうのは忍びませんでしたが、他方からいえば、たとえば実質的にもっとも恩義のある南原〔繁〕先生、あるいは岡〔義武〕先生に対しても、また法学部内でも親交の長い野田〔良之〕君などにも一言も洩らさないままに、何ヶ月も宙ぶらりんの状態が続いたことは小生の健康にとってよい方向には作用しなかったと思います。（果してどこまで因果関係があるかどうか分りませんが、教授会提出の段落がきまったあとで、南原先生には、お話しましたところ、たゞ健康を第一に考えよ、ということでお叱りもなく了解下さったので、一度に肩の荷が降りてその直後の検査数値が好転しました。）貴兄にもいつか雑談の中で話したことがありますが、東大の研究・教育の現状——紛争の有無にかかわらず！——にたいしていかに批判があるとはいえ、すくなくも法学部研究室は、小生にとっては大げさにいえば国内亡命の場としてのイラショナルな愛着がまつわっています。どんなことがあっても後足で砂をかけるような形では出て行きたくありません。それだけに、時間をかけても十分な了解をとりつけて辞めたいという気持と、前述したような宙ぶらりん状態から来るさまざまの苦しさ（それは到底手紙では尽せません）との間にはさまれて、進むことも退くこともならぬ日々が続きました。まだその状態からスッキリとは脱けていませんが、小生の聞き及んだ限り、一、二の教授が――小生への好意から――休職というステップを置くことを主張されているほかは、遅くも来年三月までに小生の希望を容れて決着をつけるという方向にスタッフの大勢が固まったようです。

貴兄の実質的な御疑問にお答えする前に、これまでの経過をむろん小生の側から見た経過という「偏向」を承知のうえで――お伝えしておくことが、これまで貴兄にたいして何の御便りもしなかったことへの釈明にいくらかなりともなるのではないかと思った次第です。意外に文面が長くなり、このうえ、小生の辞意の動機についてお話すると何枚になるか見当がつきませんので、とりあえず本日はこれで止めておきます。先日、村上〔淳一〕・佐々木（毅）両兄が見舞がてら来訪され、また、石井〔紫郎〕君も数日遅れて来られて懇談しました。尽されない小生の側の事情も立入って話し――すくなくも教授会宛書簡では村上君はもっともすんなりと理解してくれたと思います。貴兄やこういう人々は若い人のなかでも個人的に小生がもっとも信頼している人々であり、また、紛争中に現われた大学の研究・教育についての考え方でも、大筋においては、一致していたと思います。こういう小生個人の進退問題について、スタッフの間の選別はしたくありませんし、またすべきではありませんが、にもかゝわらず、やはりそういう人々にはとくに理解してもらいたいという気がするのも人情です。貴兄の言及された点について、一言だけいわせていただくならば、退職後の責任というのは、とくに、小生が指導教官になっている助手や院生の実質的な研究指導のことであり、学部講義等はやろうとしても現在の健康をもっては、いつやれるか見当がつきません。要するに「政治関係のシニア教授であるという地位につきまとう不特定な責任から解除して下さるならば、あとの残る問題は個別的具体的に、できる事とできない事とを御相談のうえ処理して行く用意がある」というのが、あの教授会宛書簡の最後で申したことの意味です。現職にとゞまりながら、その責任を特定し、限定することが実質上不可能であるだけでなく、それこそ一般的にディシプリンの問題として許さるべきでないと愚考致します。（いずれにしても、あと四年で、私は定年になります。そのことも御考慮下さい。）

アメリカの政治的、思想的な状況、たいへん興味深く拝読しました。日記やメモはつけておられますか。あゝいう見聞を——発表するかどうかは別として——できるだけ書きとめておくことをおすゝめします。そういえば、日本でも、つい数日前、三島由紀夫事件という「世界的ニュース」がありますが、きっとケンブリッジでも話題になったでしょうね。事件の「論評」をすればきりがありませんが、ただ小生には、三島のことだけが騒がれて、彼によって煽動されて「自決」した無名の青年森田〔必勝〕、さらに、森田の首をはねて嘱託殺人罪に問われた——そのこと自体、三島のプロットには必然的結果として含まれていたのですが——もう一人の無名の青年のことが、すこしも報道されない、という点がさし当ってひっかゝるものがあります。

ハーバードのキャンパスはもう紅葉も落ちたころでしょうか。小生の旧住所はアンバサダー・ホテル、いまはハーバードのものになって、色々なセンターがあそこにあるのではないですか。〔J・K・〕フェアバンク、〔ベンジャミン・〕シュウォーツ、〔エズラ・〕ヴォーゲル、クレイグその他の人々にお会いの折はよろしくお伝え下さい。小生の病気のことを心配しているようですが、hepatitis〔肝炎〕は長びくだけで、さし当り生命の別状はなさそうですし、精神的には元気で、自宅でもっぱら、記紀や比較神話学などの「過去学」を勉強していると伝えて下さい。いづれ又。奥さんによろしく。

十二月一日

丸山 眞男

三谷太一郎学兄

PROFESSOR TAICHIRO MITANI
207 Park Drive, Apt. 31 Boston, Mass. 02215 U. S. A.
M. MARUYAMA
2-44-5, HIGASHICHO, KICHIJOJI MUSASHINO, TOKYO, JAPAN

126 岡 義武　一九七一（昭和四十六）年一月一日

賀　正

〔本人加筆〕昨年は引続き小生の病気について御心配をいたゞいて恐縮のほかありません。またお会いする折りを念じながら年を越してしまいました。世の中がどう移ろうと、また小生の身辺の事情がどう変ろうと、先生が身をもって示された学問の大道をトボトボと歩むほかの生き方が小生にあろうとは思われません。今後ともご鞭撻のほど願上げます。

一九七一年元旦

〒180　東京都武蔵野市吉祥寺東町二丁目四四の五
丸山　眞男

〔年賀状・印刷〕〒143　大田区大森山王二丁目一三ノ一二
岡義武先生
〒180　東京都武蔵野市吉祥寺東町二丁目四四の五
丸山眞男

127　木下順二　一九七一（昭和四十六）年一月一日

賀正

〔本人加筆〕旧臘に、「審判」のマチネー（君はないといっていたが、やはりあったぞ。原作者の知識かくの如きか！）を見るつもりで楽しみにしていたところ、頸の小さなコブが化膿し前日に切られた（幸いなことに頸全部ではなかったが）ため出動不可能と相成り、まことに残念だった。

昨年も色々御配慮をたまわり恐縮。時代が悪くなるほど、人間の信頼関係が大事になってくることを又もや感じさせる昨今です。

一九七一年元旦

〔年賀状・印刷〕文京区駒込千駄木町五〇
木下順二様
〒180　東京都武蔵野市吉祥寺東町二丁目四四の五
丸山眞男

128　高木博義　一九七一（昭和四十六）年一月一日

賀　正

〔本人加筆〕謝御見舞

御近況はいかゞ？

一九七一年元旦

〔年賀状・印刷〕〒467　名古屋市瑞穂区萩山町二ノ六一ノ二
高木博義様
〒180　東京都武蔵野市吉祥寺東町二丁目四四の五
丸山眞男

129　安田　武　一九七一（昭和四十六）年一月一日

賀　正

〔本人加筆〕世の中が悪くなるほど人のなさけが身に沁みる昨今です。
御自愛を祈ります。

一九七一年元旦

〔年賀状・印刷〕保谷市東町三—七—二
安田武様

東京都武蔵野市吉祥寺東町二丁目四四の5
丸山眞男

130　安光公太郎　一九七一（昭和四十六）年一月一日

賀　正

〔本人加筆〕お便りをいつも有難く、面白く拝読しながら、お返事を怠って心苦しく思っております。お暇の折にまたお立寄り下さい。

一九七一年元旦

〔年賀状・印刷〕〒155　世田谷区代沢四ノ四〇ノ一〇
安光公太郎様
〒180　武蔵野市吉祥寺東町二丁目四四の五
丸山眞男

131　家永三郎　一九七一（昭和四十六）年四月三日

拝復、早速の御手紙ありがたく拝受しました。いつもながら貴兄の暖い友情に感謝します。そのうち一度はお目にかかって色々おしゃべりをしたいと思っていますが、小生の辞める気持は実はもう一〇年ごしのことで、たゞ

一、東大法研〔法学部研究室〕は――東大一般では断じてないのですが――少くも小生が定期的に特高憲兵の呼び出しをうけているような環境のなかで、自由に思想史の勉強をさせてくれた、いわば「国内亡命」の地であり、その御礼奉公というはなはだ「封建的」な気持をフッ切れなかったこと。

二、広義の政治学の分野では、たとえば隣接の法律学や経済学と比べても、研究者養成能力のある大学が非常に少く（なにしろ本来強力なライヴァルたるべき京大政治学があの有様で、自分の大学での再生産もロクにできないでいます）自から、絶えず入って来る院生や助手を育てる義務・負担が東大に重くかゝって来たこと。

三、小生担当の「東洋政治思想史」講座は御承知のように、開講当時、その性格をハッキリさせるため、南原〔繁〕先生が、早大以外どこにも出講されなかった津田〔左右吉〕博士を、文字通り、その草蘆に三顧の礼をとってひき出し、第一回の講義をしていたゞき、その結果が周知のような「事件」となった、いわく因縁ある講座で、小生はその最初の正規の講座担当者という重責と名誉をになった事になります。この任務を最後まで完了しないで、また後継者もいないままで去るのはつら

かったこと。(もっとも小生の一般的持論は教授は同じ研究分野の研究者を複数的に養成する義務はあるが、後継者をきめる権利も義務もない、ということなのですが……)

等々の事情で決断がつかなかったのです。東大紛争のことは、これこそ話せばきりのないことですが、これまた多年の友人を傷つけたくない個人的感情と、また、ある事情から生じた小生の道義的な自縛のために、意のように動けず、いわんやタンカをきってカッコよくとび出すような単独行動は小生のとらないところなので、外から見たら何ともはがゆい、あるいは不可解な姿に映ったと思います。むしろあのときは、「たとえ悪い子になっても、どこに対しても誰にたいしてもいゝ子にならないようにする」という態度を貫いたことだけを、せめても秘かに自らの慰めとしています。結局は、今回の病気療養という代償をはらってやっと「宿願」を達したわけです。それも何とかマス・コミのトピックにならぬよう、目立たずに去るように随分さまざまの心遣いをして、何とかかなり長い間知られずにすんだのですが、最後はやっぱり『日経』に妙な形でスッパ抜かれた(1)のを機会に各新聞に報道されてしまいました。(来襲した日経記者には、「一教師が病気で大学を辞めるのが何でそんなにニュースになるのか、抜き打ちの新聞代値上げの方がはるかにビッグニュースじゃないか」とからかったのですが、そういう話は新聞には載りませんでした。呵々。)まあ、あの程度で済んだのはましな方かもしれません。

貴兄が御自分の立場についてのべられていることは、言われるまでもなく全くそのとおりで、色々な意味で、小生の場合と全く事情が異ります。少くも貴兄は最少限度、筋がとおるまでは辛いでしょうけれど、断じて辞めてはならないと思います。さきにいった「さまざまの心遣い」のなかの一つには、万が一にも小生の退職がへんな形で、貴兄に不利に影響しないだろうかということも入っていました。そんな事があろう筈がないのですが、週刊誌的連想はどう働くか油断なりません。しかし、貴兄の場合にそんなことよりはるかに大事なのは、教育大文学部内の団結だと思います。本来別個の問題である筑波移転と教科書問題とを、家永という「時の人」に焦点を合わせて結びつけ、貴兄をスケープゴートにして、その二つの問題をともに自分の側に有利に「解決」しようというのが反動勢力のねらいのように見受けられます。(動けない病人の観察ですから見当ちがいかも知れませんが……。)ですから、その手にのらぬよう、いつか貴兄が書いてこられたように、貴兄はあくまで教科書問題に全力を傾注され、「分業による協業」でやって行かれるのが賢明でしょう。小生の病気はおかげで昨年暮のあたりから一段と好転しており、今後はむしろ糖尿の方の警戒が必要かもしれません。いずれにしても御放念下さい。貴兄の健康の方が実はもっと気になります。毎度いうことですが、長期戦に具えて——いやな連想のある言葉ですが——どうかあらゆる機会をとらえて優雅な時間をつくり出して下さい。乱筆多謝。

四月三日

丸山　眞男

家永三郎様

〔封書〕〒178　都内練馬区東大泉町九〇三
家永三郎様　無事
東京都武蔵野市吉祥寺二丁目四四の五

（1）「〝教祖〟丸山教授 東大を去る―定年まで四年残して―」（『日本経済新聞』一九七一年三月二十四日号）。

132 熊野勝之＊ 一九七一（昭和四十六）年五月三日〔消印〕

御手紙なつかしく拝見。また結構な鯛の味噌づけをまことに有難く存じます。家族一同賞味させていたゞきました。小生の病気ならびに退官のことで御心配をおかけして恐縮です。病気（慢性肝炎）の方はおかげで、今年の三月ごろから目に見えて検査数値が好転し、医者もおどろいている位です。大学を辞めた解放感はたしかに少くありませんが、それにしてもあまりにドン・ピシャリと時期的に一致しているのに苦笑しています。

マス・コミを通じて臆測されているこの数年間の小生の言動（もしくは不言動？）には、貴君もいろいろ御不審をお持ちだろうと思います。病気という直接理由以外の退官の動機についても、いつか機会があったらゆっくりお話したいと思いますが、それも貴君のような数少い人に対してだけのことで、新聞や雑誌に書く気になれません。知る人ぞ知るで結構で、弁解じみたことは性分として大きらいです。大学紛争についてもかえりみて不本意なことが多いのですが、ただ、マス・コミ向けの個人プレイをしたり、「いゝ子」になろうとしなかったことだけはひそかに自ら満足しています。「発言」

の御要望にたいして——自己顕示病者の乱舞する「現代」にたいしてトータルに対立する生き方とは、マス・コミで発言しないことじゃないでしょうか。（なお紛争の最中でも、学生諸君とは無数に討論の機会をもちました。けっして「沈黙」していたのではないことを付け加えておきます。）

御自愛と御活躍を切に祈ります。

重ねて御礼まで。　草々

〔葉書〕〒560　豊中市末広町一ノ二ノ九
熊野勝之様
ムサシノ市、吉祥寺東町二—四四—五
丸山眞男

＊ 熊野勝之　一九三九年香川県生まれ。一九四五年高松市で米軍の空襲。一九六〇年政治学講義。一九六三年東洋政治思想史講義。「日本の思想」ゼミ。一九六六年から大阪市で弁護士。「「しか有ること」と「しか有るべきこと」」（『福音と世界』一九九六年十二月号）。（熊野勝之）

133　掛川トミ子　一九七一（昭和四十六）年八月二十三日

前略

九月四日の切符二枚同封します。磯部〔淑子〕さんと別々に送らなかったのは、たゞ無精をしたいという理由だけです。むろんこの切符は贈呈です。

掛川さんには言葉に尽せぬほどお世話になりました。ふりかえって見て、一昨年の三月、掛川さんが強引に武蔵野日赤入院の手筈をとゝのえてくれなかったら、いまごろ命があったかどうか分りません。磯部さんにも、その際すぐ日赤に話をつけて下さって以来、種々御配慮に与りました。その御礼の気持は、ォペラの切符くらいで表現できるものではありませんが、まあ「ノルマ」はなか〳〵手に入らないということを方々からきゝますので、いくらかでもよろこんでいたゞけたら幸いです。隣席には、妻の学校時代の親友とその旦那さん（角田さん）がいますが、気をお遣いになるような人ではありませんから、どうか御気楽に。

いづれお目にかゝった折に。妻よりもよろしくとの事です。

八月二十三日

丸山 眞男

〔封書・速達〕〒120 都内、足立区日ノ出町二七ノ二ノ二〇三
掛川トミ子様
丸山眞男

134 高木博義　一九七一（昭和四十六）年十一月二十三日〔消印〕

前略御免下さいませ。

昨日は見事な果物を沢山にお送り頂き、まことに有難うございました。いつも〳〵御心づくし厚く御礼申上げます。

丸山の病状も、血液検査の結果は、同じような数値が続いて居りますが、それなりにやっと安定して来ている感じで、最近は大学院のゼミだけを毎週一回自宅で持っております。くれ〴〵もよろしくとの事でございます。

朝晩はぐんと冷え込んで参りました。年末に向っていよ〳〵お忙しくなられることと存じますが、どうぞ御身体お大切に。

まずは一筆御礼まで。　かしこ

〔葉書〕〒467　名古屋市瑞穂区萩山町二ノ六一ノ二
高木博義様
東京都武蔵野市吉祥寺東町二丁目四四の五
丸山眞男内

135　高木博義　一九七一（昭和四十六）年十二月九日〔消印〕

久しくお目にかゝりませんが、御元気のことと存じます。過日は美事な季節の柿をいたゞき、御好意まことに有難く御礼申上げます。

小生の健康もおかげで春以来急速に好転し、肝機能検査もほゞ正常値になりました。たゞし、再発のケースが多いので、依然禁酒禁煙生活をつゞけています。勉強の方も大いにすゝんでいますが、筆不精はいよ〳〵嵩じるばかりです。沖縄問題の署名(1)に小生の名を見出して「安心」したとの事ですが、御心配下さるお気持は有難くお受けするにしても、もし貴君さえも「六〇年安保のオピニオン・リーダー（ゾッとするようないやな言葉です！）が大学問題から七〇年安保にかけて〝沈黙〟し、あるいはさせられた」というような、マス・コミの流通イメージに左右されているとするならば、残念です。もともと政治などというものは、便宜が出たりひっこんだりするもので（玄人は別です）、出たら出っぱなし、引込んだらもうそれっきりというのは、日本の政治参加の最悪の伝統です。プロ野球でさえ、選手交替で試合はこびをするのに……。今の日本のようにマスコミでの「発言」が発言一般と理解され、見てくれの自己顕示を競う過度情報化社会では、意地になってもそういう生き方を断ち、小生にとって昔も今も第一義の道である日本思想史の仕事に集中するつもりです。御上京の折はまた、ダベりましょう。一筆御礼まで。

〔葉書〕〒467　名古屋市瑞穂区萩山町2ノ61ノ2
高木博義様
ムサシノ、吉祥寺東町二丁目44の5
丸山眞男

（1）　丸山は一九七一年十月の声明「「沖縄国会」を前にして」に参加した。

136　小田耕一郎　一九七二（昭和四十七）年一月一日

賀　正

本年が貴台と御一家に幸多い年でありますようお祈り致します。

なお小生昨年三月をもって、過去三十余年にわたって勤務致しました東京大学法学部の職場を辞しました。その際格別に御通知を差し上げませんでしたので、失礼ながら年頭の御挨拶にあわせて右御報らせ申しあげ、かつは在職中の御厚誼にたいして深謝仕ります。

お蔭様で小生の健康もめっきり回復致しました。療養中、情報化社会の波にのり、あるいは流されたさまざまの人の踊りを療養の床で眺めることにもいささか飽きましたし、自分を省みますと残された課題の重さに焦燥を禁じえません。願くば老年や生理的条件を怠惰の口実とせず、「古之学者為己、今之学者為人」という古人の戒めにしたがい、「己の為にする」学問の遠く遥かな道のりを歩み続けたいと存じております。

一九七二年新春

武蔵野市吉祥寺東町二丁目44の5

丸山 眞男

〔年賀状・印刷〕岡山市西川原377

小田耕一郎様

〒180 武蔵野市吉祥寺東町二丁目44の5

丸山眞男

〔同文の年賀状は他に高木博義・西田毅・安田武・安光公太郎宛（加筆なし）〕

137 飯田十郎＊

一九七二年一月〔消印・日不明〕

前略、このたびは思いがけぬ「方法」(1)でお呼びにあずかり、そのうえ、御多忙中のところを御もてなしいたゞき恐縮に存じます。妻も充実した旅行ができたとたいそう喜んでおります。せいぐ下田を宣伝して御好意に報いるつもりです。なお、渡辺〔孝〕さんの御住所を存じませんので、御礼を申し上げる事ができませんので、どうかくれぐれもよろしく御伝え下さい。とりあえず一言御挨拶まで。

〔葉書〕静岡県賀茂郡下田町武が浜三ノ七 下田テレビ協会

飯田十郎様

武蔵野市吉祥寺東町二丁目44―5
丸山眞男

＊飯田十郎　一九二八―二〇〇二。静岡県東伊豆町生まれ。県立豆陽中学校（現・下田北高校）から旧制静岡高校を経て一九四八年東京大学経済学部に入り、安東仁兵衛らと学生運動に取り組む。五一年卒業後、旅館武山荘支配人などを経て下田有線テレビ放送㈱専務取締役、八九年社長（―二〇〇一年）。下田町議一期。丸山は安東の案内により一九六八年ごろから飯田の紹介した下田市の蓮台寺温泉蓮台寺荘や清流荘に夫妻で冬に逗留した。「丸山眞男先生と下田」（『丸山眞男手帖』四号、一九九八年一月）。（編集部）

（1）新年を清流荘で過ごしていた丸山に、東京の新聞社から電話が掛かってきた。夫妻で外出していた丸山に知らせる方法はないかと清流荘から連絡を受けた飯田は、一計を案じ、自らが勤める下田有線テレビ放送（ＳＨＫ）が下田市の旧町内各所に設置していた街頭スピーカーから、清流荘かＳＨＫへ連絡するよう放送した。

138　北沢方邦＊

一九七二（昭和四十七）年二月二十一日〔消印〕

その後御元気のことと存じます。このたびはアメリカ土産の『野生と文明』[1]をお贈りいたゞき、有難く御礼申し上げます。

私も一両年のうちには、おそらくさまぐの面でおどろくほど変貌したであろうアメリカを十年ぶりで訪れることになるでしょうが、御高著をガイド・ブックにしたいと存じております。

少し仕事をしかけたところ、たちまち流感にやられて目下謹慎中です。安静にしているとます〱抵抗力がなくなるという悪循環があり、これはどうも健康だけのことではなさそうです。一言御礼まで。

〔葉書〕〒177　都内、練馬区下石神井八ノ四七ノ一六
北沢方邦様
東京都武蔵野市吉祥寺東町二丁目四四の五
丸山眞男

＊北沢方邦　一九二九年生まれ。信州大学名誉教授、構造人類学専攻。丸山眞男に私淑し、社会科学とくにウェーバーを学ぶ。詳細は北沢方邦『風と航跡（自伝）』藤原書店刊、一七一頁以下を参照されたい。（北沢方邦）

（1）『野生と文明――アメリカ反文化の旅』（一九七二年、ダイヤモンド社）。

139　中村　哲＊　一九七二（昭和四十七）年三月三十日

毎晩電話をかけるのですが、ベルが鳴るだけで応答がありませんので、とりいそぎ手紙認ためます。さきほどお願いした南原先生著作集の件、ようやく別紙の要領で構成がきまりましたので、中村さんには、このうち最終巻の第十巻『歴史をつくるものほか』の解説をお願いする次第です。はなはだ一

方的なきめ方で恐縮ですが、南原先生・岩波書店と協議の結果ですので、何卒御諒承たまわりたく存じます。(電話でお話した折には歌集形相を、というような軽い希望を洩らされたように記憶しますが、「形相」は頁数と内容上の連関という両方の理由で、第六巻の「学問・教養・信仰」と一緒になり、この巻は大塚久雄さんに解説をお願いすることになっております。なお月報に、斎藤茂吉の「形相」書評を転載する予定です。)

いづれ書店の方からも正式にお願と連絡が行くことと思いますが、中村さんに担当していただく第十巻は既刊の『歴史をつくるもの』(東大出版会)と相当大きな出入がありますし、また、この著作集編纂及び刊行中に新たに加えるものが出て来た場合は、この最終巻に入れることになりますので、配本順序は最後になります。大体の予定は来年(昭和四十八年)六月が最終回配本で、締切はその三ヶ月前ですから、ちょうど来年の三月ギリギリまでに執筆していたゞければよいという事になります。執筆要領は間もなく別便でお送りします。この巻は主として人物論で、南原先生も中村さんの柳田国男論などの人物を扱われたものを高く評価しておられ、その辺の考慮もあって、この巻をお願することになった次第です。なるべく身近な人を、ということと、第一巻から五巻までは福田(歓一)と丸山とで担当せよ、ということの二つの「勅命」で、別紙のような解説者の配当になりました。たゞ私としてお気の毒なのは、五十嵐豊作さんだけが直弟子のなかで解説者から洩れてしまったことで、これには、いろいろな事情があるのですが、結論だけ申しますと、解説のかわりに、『政治哲学序説』の月報で、この講義(つまり「政治学」)を直接学生として聴講された折の感想などを書いていただくことになりました。

右とりあえずおしらせ旁々お願まで、福田歓一君が四月から三ヶ月滞英しますので。それまでに最少限度の決定をいそぎましたため、十分前もっての御連絡ができなかったことをおわびします。何分よろしく。

三月三十日

丸山 眞男

中村哲様

〔封書・速達〕〒156 都内、世田谷区松原六ノ一ノ一四 中村哲様
〒180 東京都武蔵野市吉祥寺東町二丁目四四の五 丸山眞男

＊ 中村哲 一九一二―二〇〇三。法学・政治学。法政大学総長。参議院議員。戦後すぐに南原門下の弟弟子である丸山や川島武宜らとともに「青年文化会議」および「庶民大学三島教室」で活躍、また一九五八年に創立された「憲法問題研究会」では、我妻栄、宮沢俊義らを担いで、丸山、辻清明、中野好夫、谷川徹三、竹内好、桑原武夫らとともに、憲法改悪阻止のために活動した。『政治学事典』（一九五四年）は、丸山、辻と共編。書評「中村哲『知識階級の政治的立場』」（『丸山眞男集』第三巻）「中村哲教授――円滑さの底にあるもの」（『丸山眞男集』第五巻）。また中村哲「丸山君と戦中・戦後の日々」（『丸山眞男集』第十四巻・月報）を参照。（編集部）

140　青木やよひ　一九七二（昭和四十七）年五月〔消印・日不明〕

御無沙汰しております。英文原爆体験記有難く拝受しました。もし私がふたゝびアメリカに（或はどこでも海外に）出かける折があれば、或はまとめて何部かお願いすることがあるかも知れません。私は自分でも、少しばかり当時の写真を持っておりますが、それさえ正視にしのびないのが偽らない気持です。けれども、ひととおり私なりの仕事の段落がつけば、被爆者のために何か具体的な、小さな助力をしたい、と考えています。それにしてはあまりに短い余生ですが……。御健勝を祈ります。

〔葉書〕都内、練馬区石神井町八ノ四七ノ十六
青木やよひ様
武蔵野市吉祥寺東町二丁目44－5
丸山眞男

141　三谷太一郎　一九七二（昭和四十七）年五月〔消印・日不明〕

初夏の候、御健勝のことと存じます。このたび「国際環境の変動と日本の知識人[1]」をお贈りいただき、まことに有難う御座いました。青春の時代を思い出させて、非学問的な動機からも私の関心を惹

くこと少からぬものがあります。望蜀の感をいえば、このテーマを発展させて広く非アカデミシャンの知識人の対応をも取扱っていただきたいと思います。（対象とされている人々に関していえば、信夫〔韓一郎〕さんにはやや酷だと思われる以外は、私の実感と大体一致します。）これは誰々という人の問題だけでなく、理論にも関係して来ます。たとえば、ほぼ一九三二年ごろ（とくに佐野〔学〕・鍋山〔貞親〕の転向以後）を境とするマルクス主義者の時局への同調化の論理のながれは、反英米イコール反帝国主義という側面だけでなく haves versus have-nots〔持てるもの対持たざるもの〕という階級闘争の論理の国際社会への適用――表面的には現代中国の主張する「国際的階級闘争」の概念に通ずるような――があったと記憶します。もう一つはヘーゲル的な世界史の発展段階論――自由主義を代表する民族から全体主義を担う民族群へ――がありました。むろんこれは貴稿の労作のすぐれた価値を十二分に認めたうえでのことです。

〒113　都内、文京区西片町一丁目十三ノ六ノ301
ヴィラ・ロイヤル文京西片内
三谷太一郎様
ムサシノ、吉祥寺東町二―四四―五
丸山眞男

（1）　細谷千博他編『日米関係史 開戦に至る十年4 マス・メディアと知識人』（一九七二年、東京大学出版会）所収。

142　福田歓一　一九七二年五月二十二日〔消印〕

福田歓一学兄

御出発以来、いろいろ御報告しなければと思いながら、ついさし迫った原稿（筑摩『歴史思想集』解説）[1]に追われて、御無沙汰し、御心配をおかけしました。奥様からの早速の電話で御元気の様子を伺い、本当にうれしく思っています。私の方はまあ〳〵というところで、こんど数年ぶりにはじめて右の原稿をいわば実験の意味もふくめて書いてみましたところ、失語症ならぬ失文章症のひどさにわれながら啞然とし、身体よりもアタマの方の将来を心配しています。私のように元来あまりものを書かない人間にとっては、「講義」という強制力がいかにものを文章にまとめる練習になっていたかを今さらのように痛感しました。でも結局ゴタ〳〵と百枚以上も書きました。（私事をはじめに書いてごめんなさい。）

南原先生著作集案の件、先日、細かい執筆要領を各筆者に送りましたので、山鹿君を通じて貴兄にもお送りしました。〔中略〕この件についても南原先生に御諒承を得ようと思って先週土曜日（今日は月曜日）に御自宅に御電話したところ、四、五日前から風邪発熱したということで、びっくりしましたが、幸に今は下熱して休んでおられるようです。あまりハリキリすぎを貴兄ともども心配しておりましたが、むしろこの機会に御自重を御すすめしたいと思っております。一ページ十六行組（形相は一頁三首）ということも先生の御意向できまったものです。少くも、南原先生著作集のことを度外視、して、帰国の時期をおきめになって結構です。

私のような隠遁者にも、結構、日本というところはせわしい国で、先日、D・イーストン夫妻が来たかと思うと、先週は御承知かと思いますがB・クリックが香港に来たついでに一週間立寄り、（田口〔富久治〕君がtake careしてクタクタになったようです。彼の義理堅さには感心しました）私が集会に一切出ない、というので有馬〔龍夫〕君を「通訳」とし、ハプニングで萩原〔延壽〕君も加わって一夕だべりました。文章の印象では頭はよいけれど、なにか、sophisticationの権化のようで若干おそれをなしていたのですが、会って見ると、態度も謙虚で、英語も――これは意識的でしょうが――思ったほど難解でなく、気持のよい一晩でした。ただ、イーストンの場合もそうですが、私とのトピックはどうしても日本の神話とか伝統思想になるので、予備知識のない学者にどうやって分らせるか、毎度頭のいたい思いをします。

（P・S〔リチャード・〕ストーリーさん、〔ブライアン・〕パウェル君、池田〔清〕君、その他にどうか私が元気なことを伝えて下さい。）

PROFESSOR KANICHI FUKUDA
St. Antony's College, Oxford, OX2 6JF ENGLAND

Masao Maruyama
2-44-5, Higasicho, Kichijoji, Musashino, Tokyo, Japan

（1）「歴史意識の「古層」」（『丸山眞男集』第十巻）。

143　福田歓一　一九七二（昭和四十七）年六月五日〔消印〕

福田歓一様

二度目のお便りうれしく拝見しました。そちらの様子が目に見えるようです。南原〔繁〕先生の御健康は、幸い大過なかったようですが、先生も流石に、「いや、久しぶりの病気でこたえた」といわれていましたので、逆に、「肺炎は菌の感染だからいくら丈夫な人でもやられますよ」といって激励してあげたような次第です。（私のように）ナマ半可な病気通になるのも困りものですが、先生のように基本的知識がないのもどうかと思います。学士院授賞式にはどうしてもでたいという御気持があったことが、静養に専念されるうえには好都合だったと思います。式には無事に大役を果されたようです。私は執筆ですこし疲れたので、一両日惜櫟荘で休ませてもらい、帰京後先生にお会いするつもりです。なお、山鹿君に事ム的な報告を貴君にするよう言っておきました。

貴君の滞在延長の件は、別件で岡義達君と電話で話した折の感じでは、貴君から延長を認めてくれと正面から教授会（学部長？）宛に言われれば、おっしゃられている程度の期間延長なら問題はなさそうですが……。もし私にこの件で何かできる事があれば、遠慮なく御しらせ下さい。W君については、五月末に論文提出、六月一ぱいに私のほかにもう一人の政治関係の教官に読んでもらい、七月八日の理論研で、私も出席して報告をきく、ということになりました。むろんこれは本人の将来の身分とはまったく切り離してきまった手筈です。したがっていかなる意味でも、貴君の帰国時期とは無関係です。ともかく六ヶ月延長（実質的にはプラス三ヶ月で来年三月までという含み）がすでに教授会で承認された、という事なので一安心しました。なお、先便でちょっと触れた講座人事の件については、御帰国後、雑談も兼ねてお話しする事にします。ただ、私のように辞めた者は、あくまで学部内からの諮問に応じて、学力・人物等について個人的判断をのべるのが限度であって、それ以上、学部内人事に立入るべきではないという私のかねてからの原則を、政治関係の一、二の人に再度確認してもらったこと、残念ながらそういう原則論を繰返さねばならないような小さな「事件」が学部のそとで起ったこと（したがって学部内政治関係の人には直接に責任はないのですが）だけを申し添えておきます。事実、私は、これまでも現在もW君の将来についてはなんら固定的な判断をもっていませんし、そもそも日本政治思想史の講座人事について、セニョアの人をもってくるのか、ジュニアの人を起用するのか自体もまだ全く未確定のように承知して来ました。どうか貴君も右の私の「原則」を御諒承下さるようお願します。なおもう一つ、朴〔忠錫〕君の博士論文が九月審査になりますが、（目下最終的手入れをやっているところです）、これは貴君が帰国後、大急ぎで読んで下されば間に合うと思います。

どうもビジネス的な事柄だけになりましたが、テルアビヴ空港での虐殺事件(1)など、そちらでも話題がふっとうしていることと想像します。行為自体は呆れるだけですが、むしろ事件にたいする日本の政府・新聞などの反応の仕方のほうに問題がありそうです。例によって、父親に申訳ないと手を付かせたりする人権侵害をマス・コミは平気でやっています。そちらの皆さんによろしく。

〔航空書簡〕PROFESSOR KANICHI FUKUDA

St. Antony's College, Oxford, OX2 6JF ENGLAND
M. MARUYAMA
2-44-5, Higashichō Kichijōji, Musashino, Tokyo, Japan

（1）一九七二年五月三十日、パレスチナ解放人民戦線（ＰＦＬＰ）の日本人兵士三人がイスラエルのテルアビヴのロッド空港で自動小銃を乱射、二十六人を殺害し、兵士二人も死亡。一人は逮捕され終身刑。

144 木下順二　一九七二（昭和四十七）年六月九日〔消印〕

昨日は一向に役に立たぬ答えで相済まない。やはり歴史というのは外国語と同じで、しょっちゅういじっているのでないと、その時代のマップがすぐ出て来ないものです。ところであの電話の折に、何かこっちから言うことがあるような気がして、しゃべりながら気になっていたのだが、それが『神と人とのあいだ』(1)御寄贈の御礼だということにやっと思い至った次第。それも食事の時に突如として女房が、「木下さんの第二部面白いわね。あれ、前に発表されたのをお書き直しになったのかしら」(2)とのたまうたのがきっかけ。実は小生先週にやっとチクマの百数十枚の原稿から解放されたばかりで、まだ拝読していなかった。とにかく無智の文盲を自認するウチの女房が絶賛したことはよかれ悪しかれ事実です。とりあえず。

〔葉書〕都内、文京区向丘二ノ二三ノ四

木下順二様
ムサシノ、吉祥寺東町二丁目44の5
丸山眞男

(1)『神と人とのあいだ』(一九七二年、講談社)。
(2)「歴史意識の「古層」」(『丸山眞男集』第十巻)を指す。

145 松沢弘陽* 一九七二(昭和四十七)年六月二十五日

松沢学兄

度々お便りをいたゞきながら、御無沙汰して申訳ありません。いまさら弁解してもはじまらないのですが、筑摩の「日本の思想」シリーズの最後にのこった『歴史思想集』の解説(それも病気を理由に石田雄・植手〔通有〕君に代って書いてもらったのですが、やはり巻頭に短くてもいゝから序説を書いてくれといわれ、表紙に私の名を冠するものですから仕方なく数年ぶりに筆をとったものです)に追いまくられたり、そのほか身辺に「色々な事」があって、気になりながら今日に至りました。とりあえず、オックスフォードへの貴兄の affiliation の件ですが、むろん私からも〔リチャード・〕ストーリー氏あて近々手紙を書くつもりです。〔中略〕一両日前の便りでは、小川〔晃一〕君がまたもや(羨ましいかぎり!)アメリカとイギリス向けに出かけた、とのことですから、小川君にお会いになる機会もあろうかと存じます。私はこの一年間、正常値を維持した肝機能検査の結果が、どうした事か、一週間前に突如として、G. O. T. 105, G. P. T. 130 という、一昨年秋の数値まで、逆転しました。しかし主治医の話では、慢性肝炎は、年に一度か二度シューブがおこるのが普通で、むしろ昨年一年がよすぎた、ということのようです。上昇時だけ安静を強化する要がある……〔中略〕

過日、東京に一週間ばかり〔バーナード・〕クリック氏が来ました。一般会合には出ないという原則ですので、東大や Int. House〔国際文化会館〕の会には欠席しましたが、クリック氏の希望もあるので、有馬〔龍夫〕君に「通訳」に来てもらって一夕、だべりました。書いたものからは、みるからに秀才肌の、シニカルな人間を想像していたのですが、意外に（?）感じがよく、大家ぶらず、intellectual curiosity の旺盛さには感心しました。田口〔富久治〕君が一切のテイク・ケアをしたのでフラフラに疲れたようで、気の毒でした。どうも日本では、渉外係が制度化されていないので、誰か学者が来ると、結局は誰か個人にひどく負担がかかる結果になるのは困ったことと思います。けれど田口君がシェフィールドで世話になった「義理」というので、――イデオロギーのちがいをこえて（!）――献身的にめんどうを見た点で、今更のように彼を見直しました。いまごろそちらは best season だと思います。勉強もさることながら、せいぜいエンジョイして下さい。また書きます。私への重ねての希望があれば、どうか遠慮なく御申越し下さい。

奥様によろしく。

六月二十五日

丸山　眞男

PROFESSOR H. MATSUZAWA
Center for Japanese Studies, The University of Sheffield, 10 Sheffield, ENGLAND
MASAO MARUYAMA
2-44-5, Higashicho Kichijoji, Musashino, Tokyo, JAPAN

＊　松沢弘陽　一九三〇—。一九五二年度の演習に参加して以来、丸山の指導を受ける。『丸山眞男集』刊行に加わり、『福沢諭吉の哲学　他六編』（岩波文庫）を編集した。（松沢弘陽）

146　家永三郎　一九七二（昭和四十七）年七月十日〔消印〕

世の中とともに時候も変調つづきの昨今ですが、御健勝のことと存じます。過日は『津田左右吉の思想史的研究』(1)を御恵与たまわり、まことに有難く存じました。裁判闘争と併行して、このような本格的な研究を完成される精神力にはただただ、敬服のほかありません。忸怩たる思いをするのは小生のみでしょうか。しかも今度のテーマは美濃部達吉の場合(2)よりも、——とくに戦中、戦後の部分で個人体験と重なる面が多いので、その意味でも——（平凡な表現ですが）頁をくりながら無量の感慨を禁じえません。R・ベラーに送られたら、よろこぶと思います。小生の健康、六月半ばよりやゝ逆行し、目下、安静をまもっていますが、定期便のようなもので、心配はいりません。とりあえず御礼まで。

〔葉書〕〒177　都内、練馬区東大泉町九〇三
家永三郎様
武蔵野市吉祥寺東町二丁目－44－5
丸山眞男

（1）『津田左右吉の思想史的研究』（一九七二年六月、岩波書店）。
（2）『美濃部達吉の思想史的研究』（一九六四年七月、岩波書店）。

147　安光公太郎　一九七二（昭和四十七）年八月十日

暑中御見舞有難く存じます。小生ずっと調子がよかったのですが、六月末からちょっと肝炎がぶりかえし、安静をつゞけましたら、最近また快方に向いました。これだから慢性肝炎というのは「友の会」ができるだけあっていやな病気です。ちかごろは、漢文ばかり読んでいるので、現代の天下国家の情勢にはとんとうとくなりましたが、林彪事件にしても、細かい事情は分らぬにしても、大筋はかねて予想していたとおりなので、私のカンもまだそれほどもうろくしていないと意を強うしました。お暇の折、またお立寄りください。「客観情勢」について現場のお話を伺うのを楽しみにしております。

八月十日

〔葉書〕〒155　都内、世田谷区代沢四ノ四〇ノ一〇
安光公太郎様
〒180　東京都武蔵野市吉祥寺東町二丁目四四の五
丸山眞男

148　福田良子*　一九七二（昭和四十七）年十月十八日〔消印〕

漸く秋も深まってまいりましたが、御元気のことと存じます。このたびは、ヒル『イギリス革命の思想的先駆者たち』の御訳業を御恵与たまわり、厚く感謝申上げます。「主婦業」のかたわらこの困難な御仕事を完成されたことは、周囲の温かい理解がなくてはできないことではありますが、学姉の御努力にたいし脱帽致します。第二章冒頭の思想史についてのくだりはどうもイギリスだけの「奇妙」さではなさそうなことを日頃、文学部の「国史」出身の人とつき合っていて感じます。一九六三年の冬にヒル教授の宅に招かれたことを懐しく思い出しました。所用にとりまぎれて御礼がおそくなりましたことをおわび致します。　草々

〔葉書〕都内、目黒区駒場二ノ二ノ二ノ一〇三
福田良子様
〒180　東京都武蔵野市吉祥寺東町二丁目四四の五
丸山眞男

＊　福田良子　福田歓一夫人。この葉書はクリストファー・ヒル『イギリス革命の思想的先駆者たち』福田良子訳（一九七二年、岩波書店）の礼状。訳書は他にブリジェット・ヒル『女性たちの十八世紀――イギリスの場合』（一九九〇年、みすず書房）がある。（編集部）

149　松沢弘陽　一九七二（昭和四十七）年十一月二十一日

十一月二十一日

松沢弘陽様

過日はわざ〳〵電報ならびに御便りをいたゞき、恐縮しました。結果的には、アコモデーションを除いては、大体貴君ならびにこちらの友人が考えていた通りになってよかったと思います。〔中略〕

なお数日前、京都へいく直前の〔リチャード・〕ストーリー氏に短時間会って、もう一度御礼と御わび（私のおわび）を伝えましたが、貴兄の御手紙にあったように彼はこれまでのいきさつはそんなに気にしていないようでした。

私は六月はじめに一寸肝臓が逆転しましたが、現在はまたよくなりました。朴〔忠錫〕君という韓国人を博士にするのに一苦労し（テーマ、李朝末期の儒教）九月末[1]にやっと目出度く通過し、そのあとは、南原先生著作集編輯と、岩波のソライの太平策の校注の仕事で追われつゞけで、どちらにも御無沙汰しています。十数種の写本を一字一字ひきくらべるという書誌学者の仕事をこんどはじめて本格的にやってみて、その苦労と同時にバカ〴〵しさと若干の推理小説的興味とを感じた次第です。間もなく校正が終って、こんどは「解説」の仕事が待っています。私も早く一くぎりついたところで海外亡命しようと思っています。やはり講義をしないでお金をくれて、招んでくれるなどという、「結構」な大学はアメリカ以外にないので、さし当りは来年四月ごろから、健康だめしの意味もあって、気安いハーバードへ三ヶ月くらい行くつもりです。夏にはヨーロッパをまわって帰る筈ですから、お会い出来ることと思います。

V・G[2]も藤田〔省三〕君はさっぱり来ないし、掛川〔トミ子〕さんは郷里でバイクにはねられ、ようやく膝の骨のひゞ割れですみましたが、いま湯ヶ原のリハビリテイション・センターで杖をついて歩行練習中という次第で、意気あがりません。大学院の人々の論文やヨメ入り先のことがいつも頭にあって、大学を辞めた解放感をまだ本当にエンジョイできないのは残念です。とりとめのないお便りになりましたが、御元気を祈ります。奥様によろしく。　草々

PROFESSOR H. MATSUZAWA
Center for Japanese Studies, The University of Sheffield, 910 2TN ENGLAND
M. MARUYAMA
2-44-5, Higashicho Kichijoji, Musashino, Tokyo, JAPAN

（1）「『太平策』校注」（『日本思想大系36　荻生徂徠』一九七三年四月、岩波書店）。
（2）書簡55注（2）参照。

150　阪谷 芳直　一九七二（昭和四十七）年十二月〔消印・日不明〕

MERRY CHRISTMAS
HAPPY NEW YEAR〔版画〕

賀　正

〔本人加筆〕激動の国際状況をそちらで受けとめられる感慨はまた格別なものがあろうと存じます。

御帰国の折は会合を楽しみにしております。

小生の健康はおかげで大変順調です。

一九七二年

丸山 眞男

阪谷芳直様

〔アジア開銀在職中の阪谷芳直（マニラ在住）へ　クリスマス・年賀状・印刷〕

151 小田耕一郎　一九七三（昭和四十八）年一月一日

新年おめでとうございます
日頃の御無沙汰を御詫びしつつ
皆様の御健勝をお祈り申し上げます

一九七三年一月一日

〔本人加筆〕スライド遅くなりましたが、
着きましたか。近ごろ
御消息がないので、どうして
いられるかと思っております。

東京都武蔵野市吉祥寺東町二丁目四四の五（〒180）
丸山　眞男〔本人加筆〕

〔年賀状・印刷〕岡山市竹田西六九
小田耕一郎様・迪子様

東京都武蔵野市吉祥寺東町二丁目四四の五（〒180）
丸山眞男

152　北沢方邦・青木やよひ　一九七三（昭和四十八）年一月一日
〔小田耕一郎151と同文〕
旧臘はせっかくのおいでに
留守をして失礼しました。また
肝臓の数値上昇で、気にはしませんが、
一応正月は謹慎生活を送ります。

〔本人加筆〕

〔年賀状〕〒177　都内、練馬区石神井町八ノ四七ノ一六
北沢方邦様・青木やよひ様
東京都武蔵野市吉祥寺東町二丁目四四～五
丸山眞男・ゆか里

153　三谷太一郎　一九七三（昭和四十八）年一月一日

〔小田耕一郎151と同文〕

〔本人加筆〕御鄭重なお手紙、たいへん興味深く拝見しました。私は〔頼〕山陽などの「勢」概念は、「時」が上につくかどうかにかかわらず、操作的契機（例えば『通議』の「論勢」）をも含んでいると思いますが、いずれお目にかかった折に、こうした問題をダベりたいものです。今後とも厳しい御批判を期待しております。

〔年賀状〕〒113　文京区西片一ノ十三ノ六ノ三〇一
三谷太一郎様
東京都武蔵野市吉祥寺東町二丁目四四〜五（〒180）
丸山眞男

154　安田　武　一九七三（昭和四十八）年一月一日

〔小田耕一郎151と同文〕

〔本人加筆〕　ます〳〵御健筆を期待致します。

〔年賀状〕保谷市東町三―七―二
安田武様
東京都武蔵野市吉祥寺東町二丁目四四～五（〒180）
丸山眞男

〔同文の年賀状は他に安光公太郎宛（加筆なし）〕

155　飯田十郎　一九七三〔昭和四十八〕年一月八日〔消印〕

謹啓、このたびは、年末年始の御多忙のおりにもかかわらず、無理なお願いを快く容れて宿をとって下さったうえに、例のごとく、御案内をいたゞき重々恐縮に存じました。五日の晩はせめて御礼の夕食を、というつもりで予め女中によく話しておきましたのに、もう飯田さんとお話がすんでいるから、ということで、あまり押問答するのも、かえって飯田さんに御迷惑になるかと思い、そのまゝ引揚げたような次第です。当方はおかげで、年始の――善意の――訪問客に煩わされない新年を送ることができました。渡辺〔孝〕さんにも、いつもお世話になって感謝の言葉もありません。お二人ともたまには御上京下さい。スモッグの東京を「御案内」致しますから。それによってます〳〵郷土愛を自覚されるのも必ずしも無駄ではないと思います。なお、差上げました小冊子(1)について、遠慮ない批判をたまわりたく、全体の書物につけられた、加藤周一氏との対談(2)を御参考のためにお贈りします。一冊は渡辺さんにあげて下さい。(住所が分りませんので)、奥様にくれぐれもよろしく。

〔葉書〕静岡県下田市一ノ一一ノ二〇
飯田十郎様
武蔵野市吉祥寺東町二丁目44―5
丸山眞男・ゆか里

(1)「歴史意識の「古層」」(『歴史思想集』所収)の抜刷のこと。
(2)「歴史意識と文化のパターン」(同書、別冊付録)。

156 中村 智子　一九七三(昭和四十八)年一月八日〔消印〕

恙なく新春を迎えられた事と存じます。過日はゴッホの画集を御恵与賜わり、まことに有難う御座いました。あのなかのいくつかは、アムステルダム郊外のゴッホ館で、またニューヨークの美術館でみたことを懐しく思い出したことです。うちの二人の坊主は二人ともゴッホ党なので(とくに、うるさ型の次男健志は高校時代に「炎の人」の芝居に夢中になって以来のことです)、大喜び、ワァと感嘆の声をあげたくらい、お世辞ぬきに――中央公論社にお世辞を言ってもはじまりませんが――印刷がよくできています。小生、最近肝臓機能検査数値がまた変化し、静養のため家を離れていましたのでお礼がおそくなりました。〔宮本〕百合子研究の拝読を楽しみにしています。

〔葉書〕〒113　都内、文京区本駒込六ノ一三ノ二五
中村智子様
武蔵野市吉祥寺東町二丁目44の5
丸山眞男

157　家永三郎　一九七三（昭和四十八）年二月二十一日〔消印〕

今年はわりあいに暖い冬ですが、それでも風邪がはやっているようです。御元気でしょうか。このたびは御高著『戦争と教育をめぐって』(1)を有難く拝受しました。巻末の学兄の高校時代の論文は、私の当時の関心を思い出して、とくに興をそゝられた事です。私もあの参考文献にあげられた、ヴィンデルバントやリッケルトを――生意気に原書で――ほゞ学兄と同じころ一生懸命読んでいたのです。(2)たゞフッサールと西田哲学は私にはまったく無縁でした。そのかわり（?）、デボーリンの『カントと弁証法』とかブハーリンの『史的唯物論』を、新カント派と併行して勉強して、自分のなかに、この二つの系列が調和されないまゝにひしめき合っていました。そうそう、先達ては懇せつなお手紙を

いたゞき恐縮です。慈円論についてはもっと大いに議論したく、また御教示も受けたいのですが、目下、徂徠の太平策校註(3)に追われていますので、一段落したらお目にかゝりたく存じます。御健勝と教科書問題の幸多い展開を心からお祈りします。　草々

〔葉書〕都内、練馬区東大泉町九〇三
家永三郎様
武蔵野市吉祥寺東町二—44—5
丸山眞男

(1)『戦争と教育をめぐって』(一九七三年二月、法政大学出版局)。
(2)「思想史の方法を模索して——一つの回想」(『名古屋大学法政論集』第七七号、一九七八年、『丸山眞男集』第十巻)に触れられている。
(3)書簡149注(1)参照。

158　世良晃志郎　一九七三(昭和四十八)年四月九日〔消印〕

漸く春たけなわの候となりました。御元気のことと存じます。

先般は御高著『歴史学方法論の諸問題』(1)をお贈りいたゞき、まことに有難く存じました。二月中旬からほとんど一ヶ月近く、徂徠の仕事でカンヅメになり、その後「解放」されて間もなく感冒にやら

れましたため、このように御礼が延引しましたこと、何卒御海容下さい。テーマはまことに興味津々たるもので、熟読して御教示に与りたいと存じます。いつぞやウェーバーの会では、せっかく遠路おいでになったのに、おしゃべりする機会がなく、大変残念でした。是非そうした機会をもちたいものです。延引ながら一言御礼まで。

〔葉書〕仙台市八木山本町二ノ三〇ノ六
世良晃志郎様
武蔵野市吉祥寺東町二丁目44の5
丸山眞男

（1）『歴史学方法論の諸問題』（一九七三年、木鐸社）。

159　家永三郎　一九七三（昭和四十八）年四月十一日

過日は、久しぶりに歓談して愉快でした。わざ〳〵後から御挨拶まで戴いて恐縮です。学兄の闘いに何の御手伝いもできないのを日頃苦にしている私ですから、せめて学兄の「気晴らし」の相手くらいはつとめさせて下さい。こちらからは学兄のスケジュールを考えると、到底声をかけられませんので、今後とも時間がお空きのときはどうか御遠慮なくお越しの程を……。私が十数年前ハーバードにいたころ、Fという教授が義弟にあたり、当時のケネディの特別顧問をしていたSという人に紹介するから是非会えと盛にすゝめるので、私は「ああいう忙しい人に時間を割いてもらうのは気の毒だ」といったら、Fは「Sの時間はどうせふさがっている。丸山さんが会わなければその時間に誰かがSに会っている。そのくらいなら、丸山さんが会った方がSのためにいい」と妙なおだてられかたをされた覚えがあります。結局は面倒臭いので会いませんでしたし、私とSとでは立場も知名度も比較にならないのですが、学兄が遠慮されると、このF教授の「論理」を援用したくなります。
それにしても——お互に——義理のつき合いの方はほどほどにして、好き勝手に生きるようにつとめましょうよ。御健勝を祈ります。

四月十一日

〔葉書〕都内練馬区東大泉町九〇三
家永三郎様
〒180　東京都武蔵野市吉祥寺東町二丁目44の5
丸山眞男

160　入江　昭*　一九七三（昭和四十八）年四月十五日〔消印〕

入江昭様
御奥様

新年には久しぶりに、お二人の御元気な姿を拝見して大変なつかしくうれしく思いました。その後、思いがけずも「ピーター・グライムス」〔ベンジャミン・ブリテン作〕のテープを御贈りいただき、まったく御礼の申しようも御座いません。早速御礼を言上するつもりのところ、せっかく貴重な贈物を頂戴した以上、感想なりとも書き綴ろうと思っておりましたら、一月末から連続的に出版社にカンヅメになってしまいました。(例の筑摩書房の近代日本思想史講座の第二巻『正統と異端』だけが未完のままになっており、ここで私に外国に逃げられたら、また延引する、という出版社側の判断から、こういう破目になったので、万事当方が悪いのですが……)

そんなわけで御礼を申し上げるのがこんなに遅れてしまった次第です。着いたか、着かないかも分らず、さぞ気を悪くされたことでしょう。本当に弁解のしようもなく、幾重にもおわび致します。カール・ベームが、ウィーン・フィルをひきいて来日公演中で、カンヅメの宿泊先から公演にかけつけた折に、休憩時間に前田さんにお目にかゝり、その折お二人のオペラ狂ぶりの話も出ました。私は現代オペラには弱くて、ベルクの「ヴォツェック」くらいしか見たことがなく、B・ブリテンのものも一つも見ておりません。いただいたテープをくりかえしきいて「勉強」しようと思っております。残念ながらオックスフォードへの出発が旬日のうちに迫っておりますので、これ以上、くわしいことを書けません。アメリカに落ち着いてから、何時間でもオペラの話を語り合いたいと楽しみにしております。カンヅメのためいたるところに不義理だらけで、例の〔テッオ・〕ナジタ氏に送るべき原稿も未完成で、結局、オックスフォードに原稿持参ということになるでしょう。オックスフォードの住所は、St. Antony's College, Oxford だけでよいので、もしお便りの折は、そちらにどうぞ……。大体六月末まで滞在し、すこしヨーロッパ大陸の、(大学でなく!) 音楽会の方にかよってから一旦帰国し、十月にプリンストンの方に行く予定にしております。大分先の話になりますが、いつか海賊版レコード (ミラノ・スカラ座やコヴェント・ガーデン〔ロイヤル・オペラ〕でのナマ録音で、こっそり取っているので音はよくありませんが、臨場感があって、やっぱりはじめから商業レコード用に録音したものより迫力があります) の〔マリア・〕カラスのように、実演で燃えるタイプの歌手の場合、とくにそうですね。おや、もう余白がなくなりました。これは怱忙の間に認ためた、延引ながら取りあえずのお便りです。重ねて御礼とおわびまで。　草々

PROFESSOR & MRS. AKIRA IRIYE
5603 S. Doachester, Chicago, Ill., 60637 U. S. A.
MASAO MARUYAMA
2-44-5, Higashicho, Kichijoji, Musashino-shi, Tokyo, JAPAN

＊ 入江昭　一九三四―。ハーバード大学歴史学科教授。『日本の外交』『日米戦争』はじめ、アメリカの外交史と日米関係に関する多岐にわたる著書がある。丸山との関係については「丸山先生に遊び方を教わる」(『丸山眞男の世界』) 参照。(編集部)

161　西田　毅　一九七三（昭和四十八）年五月十四日

拝復、先般は久しぶりにお目にかゝれて愉快でした。またこのたびは、宇治の新茶をお贈りいたゞきまことに恐縮に堪えません。客の多い私の家にはなによりの品です。まったくフリーになったらすこしは「悠々自適」できるかと思ったらなかなかさにあらずで正直のところ弱っています。今週だけでも、ソ連の未来学者と、スエーデンの文化ジャーナリスト（いづれも未知）の来訪を受け、まづい英語で難問に答えるのに閉口しました。ジェット機公害の一つです。身体の方はおかげでこのところ好調です。なお、御多忙中恐縮ですが、おついでの折に、内田〔智雄〕教授の「荻生徂徠の著述について」『同志社法学』七五・七六号をお送りいたゞけたら幸甚に存じます。脇〔圭平〕君にもよろしく。一筆お礼まで。　草々

五月十四日

〔葉書〕京都府久世郡久御山町栄一―一―五七
西田毅様
武蔵野市吉祥寺東町二丁目44の5
丸山眞男

162 福田歓一　一九七三（昭和四十八）年六月〔日不詳〕

本日、南原〔繁〕先生は、東京女子大で、ドイツ大使・石原謙さんなどとパーティーがあり、それが午後三時半ごろ終る由です。先生はついでに君のところに寄ろうと思っていた（今日は学士会館には行かれぬ由）といわれたので、私は外ム省の visa の事が 4：00 ごろ終ると申上げたところ、それではしばらく女子大で暇をつぶして君の家に寄る、とのことです。したがって、私は外ム省のあと、学士会館によらずに家に直行します。もしお差支なければ 4：30 すぎごろ、拙宅の方にお越し願えれば、南原先生と三人顔を合せられます。とりいそぎ予定変更のおしらせまで。

〔伝言メモ〕福田教授様
丸山

163 萩原延壽＊　一九七三（昭和四十八）年七月一日〔消印〕

気になりながら、旅に追われてどなたにも御無沙汰しています。ゴーディを昨日で終え、今日（一日）の昼は、ストーリーさんのガーデン・パーティで、ディーキン、ヘイワード、カークウッド、ヘイリー（旧パーサー）等夫妻がつどいました。いまやっと静かにストーリー夫妻とダべっています。

ディーキン氏からは「とくに萩原によろしく」と伝言がありました。来週にブライトンに行き、七月八日にケルンに発ちます。

お元気で。

丸山 眞男

〔絵葉書・航空便〕宇都宮市桜四丁目一一―二〇 冨田様方
萩原延壽様
WOODEATON, OXFORD
丸山眞男

〔ストーリー氏の英文の加筆あり〕

＊ 萩原延壽 一九二六―二〇〇一。歴史家。一九五一年東京大学法学部政治学科卒。著書『馬場辰猪』『遠い崖――アーネスト・サトウ日記抄』『自由の精神』など。交遊は広いが、藤田省三、丸山とは特別であった。「丸山先生への感謝」（『丸山眞男の世界』）参照。（編集部）

164 小尾俊人 一九七三（昭和四十八）年七月十三日

御無沙汰しました。速達便で解説のリコピーをいただいてから、二週間も過ぎてしまいました。イギリス滞在中（六月二十二日―七月八日朝まで）は目のまわるような忙がしさで、パーティから帰ると、ホテル又は個人宅で洗濯をすませてから床につくというような生活——なにしろ、転々と居所が変わるので、洗濯屋に出すひまがありません——で、寸暇を見ては、(1)ゲラに目を通していたのですが、結局今日まで延引しました。はじめは、そのまゝコメントを入れたゲラを送りかえそうかと思ったのですが、ケチケチ旅行なので、あの重たいリコピー用紙を特別速達で出す費用がもったいないと思って、便宜、コメントの個所だけ摘記することにしました。もう間に合わぬのではないかと思いますし、またヴァイタルなほど問題なところはないので、以下のコメントもたゞ御参考までに、という意味です。

（一）六〇七頁、五行目、「殆ど言うべきものはない。」↓底本の方は、右学則一、右学則二というように（「右」の字があったかどうか、不確）項目分けの数字があり、徂徠集の方にはたしかになかったように思うが、この点言及不要か？

（二）六〇八頁、六行目、「経解の著としての徴、二解……」↓やかましくいえば、徂徠は、中庸、大学はもとより論語も「経」のなかに入れない。広く経典解釈という意味で用いるのならＯＫ。

（三）六〇九頁一行目、「天の寵霊によって」この文句をカギカッコに入れなくてよいか？

（四）六〇九頁、終から六行目、三行目と二度も「生の道」という表現が出て来るが、生の道とする点では仁斎と共通している。どちらかを削除するとか、一方を「各人の長所の伸ばす道」といいかえたほうがよい。

（五）六一〇頁、五行目、「ほぼ五十二歳」とした方がよい。

（六）六一一頁初行、「三浦衞興……」は、「淳夫」の方がヨリ広く知られているから、補ってはいかが？

(七) 六一三頁、一〇行目、「少し長大に補い」→この表現はいかがと思われる。

(八) 六一四頁、結から七行目、「ごろ」と「ころ」とを統一せよ。

(九) 六二三頁、「丙午」（享保十一年）の方がよいかもしれない、というのは、意見としてはむろんありうるが、同文中の、湯島へ聖廟移転のことを、（たしか）三、四十年前としていることと、時間的に若干ズレが大きくなる。

(一〇) 六三六頁、五行目、徂徠五十歳は正徳五年→正徳五年（享保元年）とカッコを附した方がよくないか。なお、六行目の直しの「正徳から享保初年にかけて」とあるのも、正徳はわづか四年余しかないし、二十一信も、果して正徳時代か享保に改元して以後か不明なので、右のようないいかたは misleading ではないか。

(一一) 六五〇頁四行目、「寛容をそのディシプリンの一つと〔し〕たケン園」云々は、問題がある。書簡又は文章を徂徠のものとして偽造することは、とくに経学解釈についての厳格さを要求したケン園にとってはもってのほかの行為であった。ケン園のトレランスとはやや次元のちがう問題ではないか。むろん林東溟が偽作したかどうかの事実問題をいっているのではない。

以上です。くりかえすように、ヴァイタルなものではないし、もう間に合わぬと思うので、参考にすぎません。もし間に合う場合でも、一応吉川〔幸次郎〕さんの意見をきいて下さい。私は七月末に帰国します。

七月十三日　於ケルン

丸山　眞男

小尾俊人様

〔航空書簡〕MR. T. OBI TOKYO JAPAN
MISUZU SHOBO PUBLISHING CO.
3-17-15, Hongo, Bunkyo-ku, Tokyo, JAPAN
東京都文京区本郷三丁目一七ノ一五
みすず書房内　小尾俊人様
MASAO MARUYAMA
c/o Japanische Kulturinstitut 5, Köln Universitätsstr, 98 West Germany

（1）『荻生徂徠全集 第一巻 学問論集』（一九七三年、みすず書房）、島田虔次による「解説・凡例」の校正刷りをさす。

165　ヴォルフガング・シャモーニ＊　一九七三（昭和四十八）年七月十三日

御無沙汰しましたが、御元気で御研鑽のことと存じます。

突然お便りをし、御騒がせして恐縮ですが、私はハーバード大学からの帰りに、ロンドン→オックスフォード→サセックスと寄って、ただいまケルンにおり、明日ミュンヘンに向う予定にしております。今度の旅行の目的は、ハーバード大学及びプリンストン大学からそれぞれ Doctor of Laws と Doctor of Letters の Honorary Degree を得ましたので、両大学の卒業式に出席するためです。

したがって、ヨーロッパではもっぱら旅行を楽しんでおり、べつに仕事はありません。

おそらく休暇に入って、あなたもお留守だろうと思いますし、また、色々計画をお持ちでしょうから、お会い出来ることを期待しておりません。ただ、万一、短い時間でもミュンヘンでお会いできれば大層うれしいので、一応こちらの schedule を左に書いておきます。ミュンヘンに行くのは、Festspiel〔祝祭劇〕のオペラを見るのが、主な目的なので、夜がほとんど毎日ふさがってしまうのが残念です。

Von 14 Juli bis 19 Juli（Abreise morgens〔明日出発〕）in dem "Hotel an der Oper" 8 München 2, Falkenturmstr. 10（Tel. 0911–228711）

この間に、Tannhäuser〔タンホイザー〕(18), Die Hochzeit Figarros〔フィガロの結婚〕(20), Elektra〔エレクトラ〕(21) と三つオペラを見ます。したがって、その日の夕方からは駄目ですが、午後は空いておりますし、また十九日の Sonntag〔日曜〕は完全にフライです。

Von 19 Juli bis 20 Juli→unbestimmt〔不確定〕

Von 21 Juli bis 23 Juli Hotel King in Bregenz（Österreich）Kirchstr. 9（Tel. 22092）

Von 23 Juli bis 24 Juli Wieder im Hotel an der Oper zu München

24 Juli→nach Paris abreisen〔パリ出発〕

以上です。突然のことですので、Please don't go out of your way to meet me.（ドイツ語で何

というのでしょうか？）とりあえずおしらせまで。　草々

七月十三日

丸山　眞男

シャモーニ様

〔封筒なし〕

＊ Wolfgang Schamoni　一九四一―。ハイデルベルク大学教授、日本近世・近代文学史専攻。まだ学生だった一九六五年にはじめて『日本の思想』を手にしてその翻訳を志し、一九八一年にその独訳を雑誌に発表。一九八八年に単行本として刊行（W・ザイフェルトとの共編の丸山論文集）。翻訳の際、書簡をもって丸山先生に細かく指導を受ける。一九七八年にはじめてお会いし、その後も何回かお目にかかる機会にめぐまれた。一九九六年に、ザイフェルトとの分担訳の『忠誠と反逆』を刊行。また「福沢に於ける秩序と人間」などの小論文の独訳を発表。丸山の著作を翻訳することによって、日本、またヨーロッパの社会思想史に目が開かれ、多大な学恩を蒙った。

（ヴォルフガング・シャモーニ）

166　萩原延壽　一九七三（昭和四十八）年七月十五日

於ミュンヘン　七月十五日

萩原延壽様

Storry さんと連名のハガキ(1)を出したっきりの御無沙汰申訳ありませんが、これでも、自宅以外に

日本宛の封筒葉書を出すのは、貴兄がはじめてという有様なので悪しからず。ボストンでの肝機能検査の結果はG.P.T. 170ですが、もうこれだけ旅行をenjoyすれば、どうでもなれ——はオーヴァだけれど、まあそれに近い心境です。流石に旅疲れを感じます。晩の洗濯だけでなく、ちょっと銀行に行ってTraveller's Checkをかえる、ちょっと航空会社に行く、といった小用がなかなか馬鹿にならぬ肉体労働です。それに誰かがtake careしてくれるのは本当に有難いのですが、他面それだけscheduleの自主性がなくなるのも事実で、Kölnで松田智雄さんの世話を離れてMünchenに来て、はじめて、日本を出てからたった一人ぽっちになりました。むろんここでもConsulateやJALはあるから、連絡をつけようと思えばつけられるのですが、痛切にひとりになりたかったのです。こうやってお便りできる余裕もそこから生まれたわけです。

Oxfordのことはキリがないので、帰ってからゆっくりだべりましょう。近いところから話すと、昨日はNational Theater〔国立劇場〕でTannhäuser〔タンホイザー〕を見ました。NTは、前回（一九六二年）妻とミュンヘンに来たときはまだできてなくて、Festspiel〔祝祭劇〕はPrinzregententheater〔摂政官劇場〕（現在Residenztheater〔首都劇場〕と改名）で見たので、今度はじめてですが、ギリシャ建築を模した堂々たる建物で、なまじニューヨークのメトロポリタン新劇場のように、現代化を加えないで、徹頭徹尾旧建築の再現を志したので、それなりに安定感があります。Tannhäuserは、Hans Hopf, Ingrid Bjorner, Franz Crassといった顔触れで、指揮は数年前にバイロイトで振ったので名前だけ知っていたBerislav Klobucar。結論からいうと、一番よかったのは舞台、とくに色彩効果で、あらためてWieland Wagnerの影響の強さを感じました。次はやはり合唱が圧倒的によく、次はオケ（指揮者でなく！）というところです。Hopf の Tannhäuser は初幕が音程が不確かでガッカリしましたが、尻上りによくなりました。Bjorner も「フィデリオ」のレオノーレなどできいていましただけに、音量は大したものですが、いま一つエリザベートの性格づくりに欠けます。しかし何のかのいっても、本場の味とはこのことかと、メトロポリタンでもコヴェント・ガーデン〔ロイヤル・オペラ〕でも満たされないものを漸くこゝで見出した思いです。西独は変ったといゝながら、やはり、外面的なことだけいっても、初日のせいもあって Black Tie が大部分。（女性の方が千差万別！）それに幕間の拍手による中断は相変らず全くありません。二幕の終りの "Nach Rom!" というくだりでは背筋に熱いものが走りました。今日は日曜日なので Alte Pinakotek〔アルテ・ピナコテーク〕へ行ったきり。明日がフィガロの結婚、明後日がシュトラウスの「エレクトラ」（私は初見）、と財布の底をはたいてのオペラ通いです。そういえばとうとう Klemperer がなくなりましたね。私がロンドンを発つ前々日でしたが、すぐ萩原君夫妻のことが頭に浮びました。Köln の地方新聞までが、大きく彼の記事を載せました。それを切抜いて同封しようかと思いましたが、これも帰ってからのお楽しみにします。Klemperer だけでなく、なつかしき Willy Fritsch も七月十三日に七十二歳でハンブルクの病院でなくなりましたし、またこれは学問畑だけれども Horkheimer もなくなったことはおそらく日本にも報道されたと思います。前回の旅行のとき（一九六一〜六二）も、そうでしたが、不思議に親しい名前の人の死を外国の旅先の新聞で知ることが多いような気がします。

私個人についての朝日の記事はケルンの松田さんのところではじめて読みました。ニューヨーク支局長の松山〔幸雄〕君は昔からよく知っており、ボストンにも昔遊びに来たので、会わないで行くのもどうかと思って、坂本〔義和〕君が連絡してくれて久しぶりで歓談したのです。そのときには、「私はマスコミから先生を防御するのが自分の役目と思っています。ただ簡単に事実だけ送っておきました」と言っていましたが、やっぱりマスコミはマスコミですね。とくに心外なのは〔ルドルフ・〕ゼルキンのことです。私はゼルキン夫妻とハーバード総長の招待晩さんで食卓をともにして、ゼルキンの大家ぶらないhospitalityに非常に感心しましたのは事実です。（Mrs. Serkin――御承知のようにAdolf Buschのお嬢さん――はちょっとこわい感じのdeutsche Frau〔ドイツ女性〕です。）しかし、最近のゼルキンの演奏は、十年前にハーバードで聴いたときもそうでしたが、ブッシュと一緒にやっていたときとは質的に変ったような気がして、私は嘗て感動を覚えたことはありません。（坂本君夫妻は大ファンのようですが。）まあこんなことを書いてもキリがないのでやめます。Japan Fund〔国際交流基金〕等々の話はいずれお会いした上でのことにしましょう。奥さんの御健康を案じています。お元気で。

丸山 眞男

〔航空書簡〕MR. NOBUTOSHI HAGIHARA c/o MR. TOMITA
UTSUNOMIYA-SHI JAPAN
宇都宮市桜四丁目一一―二〇 富田様方
萩原延壽様
MASAO MARUYAMA Hotel an der Oper, 8
München 2, Falkenturmstr, Bundesrepublik Deutschland

（1）書簡163参照。

167 萩原延壽　一九七三（昭和四十八）年八月二十四日〔消印〕

拝復、わざ〳〵御書簡有難く存じます。うだるような毎日を、こちらは、さなきだに憂うつな、院生の出来かけの博士論文を読むのに閉口しながら過しています。法的には大学を辞めた以上「あっしにはかゝわりのねえことでござんす[1]」といえるのですが、実際問題としてそうも行きません。『現代の理論』F君の短文は、私はそれほど楽観的ではありません。むろん相変らず、うまいなあと思う個所はありますが、一、二という区分づけはついているものの、次々とテーマが移動し、「偏見」の節は――それなりに面白いけれども、『現代の理論』のコトバの意味という問題とはまったく無関係で、そのなかでまた下段の「いや〳〵言って下さって結構です……」以下は「偏見」のテーマとも無関係です。こういう思考のフラグメンタリゼーションがまさに問題なのです。それと、どうして、書くものがすべてsarcasticになるのか――それが一層危険な徴候です。サーカスティックな文章も書けるということと、書くものすべてがそういうトーンになるということとは全く別の問題です。（イ）短かくてもよいから正攻法の文章を書くこと、（ロ）少くも雑誌論文程度の長い文章を書くこと、その二つのことを実際に示してくれない限り、私は不安を隠せないのです。またお会いしましょう。

〒320　宇都宮市桜四丁目十一ノ二〇　富田様方

萩原延壽様
ムサシノ市吉祥寺東町二—四四—五
丸山眞男

（1）笹沢左保の股旅もの「木枯し紋次郎」の科白。一九七二年中村敦夫主演のテレビドラマで流行語になった。

168　西田長壽*　一九七三（昭和四十八）年九月七日〔消印〕

謹啓、しばらくお目にかかる機会を得ませんが、お障りなくお過しのことと存じます。過日は私の名誉博士号授与にたいして早速に御鄭重な御祝辞をいたゞき、まことに恐縮に存じますとともに、御心のこもった御激励に身のひきしまる思いが致しました。イギリス・ドイツ・オーストリー・フランスをまわって八月二日に帰国致しましたが、あまりの東京の暑さに——とくに飛行機旅行に因る点ですが、涼しいヨーロッパから急に蒸暑い気候のなかに投げ出されますので——すっかりまいってしまい、無為の日々を過して八月末になってようやくこの高原にきてホッとしているところです。そんなわけで御礼状がかくも遅延致しました失礼をどうかお許し下さい。

ハーバードはじめアメリカの諸大学はオックスフォード・ケンブリッジの例を踏襲して、名誉博士号の授与を卒業式の伝統行事とし、したがって本人の卒業式出席を絶対要件とし、また、その年にディグリーを授与される人が誰かを大学内部にさえ厳秘にして卒業式当日に発表するという慣例になっております。むろん本人には、はじめ総長から、ついで事務局長から、通知ないしは連絡があるのですが、どの手紙にも「厳秘・親展」とありますので、六月前に知人から「何でアメリカに行くのか」ときかれるのが一番弱りました。結局「卒業式に招待された」ということで通しました。ハーバードの方は、実は一九七〇、七一年と二回チャンスがあったのを病気で辞退し、今度が三度目の正直(?)というわけで、それほど驚きませんでしたが、プリンストンの名誉文学博士(Honorary Doctor of Letters)の通知は全く意外でした。両大学がカチ合ったのは全く偶然で、お互に驚いたようです。ハーバードが法学博士にしたのは、一九七〇年当時まだ私が法学部教授だったからでしょう。ドクター・オブ・レターズというのは主として歴史・言語学といった部門に与えられ、芸術の方は音楽博士とか美術博士とかいう名で呼ばれます。(したがって大学院の博士称号の分類とは必ずしも一致しないことになります。)卒業式場のヒナ壇に坐らされることは両大学とも同じですが、ハーバードの方が儀式ばらず、服装もガウンでなくても背広でもよく、プリンストンの方が伝統的なのは面白い対照でした。いずれにしても私には過ぎた名誉ですが、日本の外務省やいわゆる親米派学者にはいささかショックだった、という話を仄聞して正直のところ一寸痛快という気がしております。まずは御礼まで。

〔郵便書簡〕〒125　東京都葛飾区高砂五ノ一三ノ二
西田長壽様
長野県志賀高原発哺温泉天狗ノ湯

＊　西田長壽　一八九九―一九八九。一九三〇年より六四年まで東京大学明治新聞雑誌文庫に勤務。近現代史の資料に詳しく、研究者に助言した。主著『大島貞益』『天野為之』『明治時代の新聞と雑誌』『明治新聞雑誌関係者略伝』など。「西田長寿『大島貞益』」（『丸山眞男集』第三巻）、「近代日本と陸羯南」（植手通有・西田長壽・丸山眞男『丸山眞男座談7』）。（編集部）

169　中村智子　一九七三（昭和四十八）年九月二十一日〔消印〕

十二日付の御手紙とゼロックス有難く頂戴しました。私の感じは智ちゃんと少しちがって「さらしものにされている」という感じはうけませんでした。広告になるのじゃないですか。それよりはむしろ、「どうしてそんなにムキになって智ちゃんに反論するのか。資料を独占していることをタナ上げにして入党の月日だけにこだわるのは〝恥の上ぬり〟ではないのか」という印象です。智ちゃんの投書の前半だけを――それがすべてであるかの如く――紹介しているという事実は、どこかで明らかにすべきですが、相手にとって不足のない敵とは思えません。

「冷静」といったのは、一般的に智ちゃんがすぐ頭にくるからという理由からでなく、この問題で第一にはあまりムキになると相手と同じ低レヴェルに自分をおとすことになるのじゃないかという理由からで、この私の考えは、アカハタの扱い方の低調さを見てますます強まりました。弱い犬ほど大きな声でほえるものです。根本的な点で自信があれば、自分の間違った点は間違った点として率直に認め、しかしどうしてお前さんは、これこれの点をもっと問題にしなかったのかと冷静どころかユーモラスに扱っていい「論争」だと思います。

〔葉書〕〒113　都内、文京区本駒込六ノ一三ノ二五
中村智子様
ムサシノ市吉祥寺東町二丁目44の5
丸山眞男

170　高木博義　一九七三（昭和四十八）年十二月一日

謹啓　寒気ようやく厳しい季節となりましたが、御一同様お変りなく御過しのことと存じます。偖、過日は通称「ロゴス会」の名において私共夫婦のために盛大な宴を催して下さったのみか、その折記念品として過分のもの頂戴致しました。そのような御心配をいただくことは私共の思いもよらぬことで御座いましたが、こうしたことであまのじゃくを発揮して御辞退するのは、この際皆様のせっかくの御気持に沿う所以ではないと考えて、すなおに御好意を有難く御受けすることに致しました。本来ならば使途についての御報告を兼ねての御挨拶申上げる所存のところ、もっとも有効な方法についてあれこれと迷い、徒らに日時のみ経過致しますので、とりあえずお礼の言葉を申述べる次第で

御座います。御芳志によって購入致します書籍等にはなんらかの印をしるして永く皆様にたいする感謝の気持をとどめたいと存じております。重ねて厚く御礼申し上げます。

末筆ながら皆様の御健勝と今後の一層の御活躍をお祈り致します。遅ればせながら一言御挨拶まで。

敬具

一九七三年十二月一日

丸山 眞男

ゆか里

高木博義様

〔封書〕〒467 名古屋市瑞穂区萩山町2ノ61ノ2

高木博義様

丸山眞男・ゆか里

171 掛川トミ子 一九七三(昭和四十八)年十二月十六日

前略

偶然お預りした望月〔登美子〕先生の論文の載っている東大『UP』雑誌に何とかいう人も経験を語っていますが、あれに比べると日本の大学院は経済的にはめぐまれない代りに、まだ〳〵ノンキな世界だという感を深くします。きびしさも程々《ほど》がいいですね、本当に教育というものはむつかしいものです。

望月先生といえば、正直のところ、あの『UP』の御論文を私はいままで迂闊にも知りませんでしたが、今度拝読して失礼ながら、心から感服しました。専門こそ異なれ、吉馴〔明子〕君があああいう豊かな感性と強靭な思考力を持った先生から、同じ職場で、目に見えぬ多くのものを吸収できたら本当によいことと思います。

もう心配なくなったので書きますが、私は先週木曜からカゼをひいて寝込んでしまいました。熱は8度台で大したことはないのですが、なにしろ肺炎が大敵なので、早速一切の約束をキャンセルして、静かにねています。今日は平熱になりましたので、もう大丈夫です。

〔長谷川〕如是閑さんから、生前に、「君はひとが一日ねるところを三日ねなければいけない」と厳重にいわれていたので、今度も早目に静養してたのがよかったようです。家でFMをかけながら横になっていると、たまには病気もいいものだという気になります。日本というところは、病気にでもならなければ、さまざまの煩事から解放されませんからね。掛川さんに重ねてごゆっくり御静養を、と申し上げるのも、ただいまの私のこういう実感から出ている次第です。つまらぬおしゃべりをしました。お母様が快方に向われることを念じます。　草々

十二月十六日

丸山　眞男

掛川トミ子様

〔封書・速達〕〒762　香川県坂出市本町二ノ三ノ六　平田秀夫様方
掛川トミ子様　平信
丸山眞男

第1巻・関係年譜

本巻に関係する年譜をここに掲げる。『丸山眞男の世界』（みすず書房、一九九八）、『丸山眞男集』別巻（岩波書店、一九九七）、『丸山眞男講義録』第七冊（東京大学出版会、一九九八）所収の年譜を参考に作成した。なお、本年譜では丸山の戦後の講義については記していない。詳しくは『講義録』第七冊巻末の「講義年譜」を参照のこと。

一九一四（大正三）年　当歳

三月二十二日、大阪府東成郡天王寺村（現在の大阪市阿倍野区）に丸山幹治（侃堂《かんどう》）・セイの第二子として生まれる。父幹治は、一八八〇年長野県埴科郡清野村（現在の長野市松代町清野）に生まれ、東京専門学校卒業後、日本新聞、京城日報などを経て一九〇九年大阪朝日新聞に入社。母セイは、一八八四年山口県阿武郡萩町（現在の萩市）に生まれる。雑誌『日本及日本人』同人で、丸山が生まれた当時政教社社主の井上亀六の異父妹。兄弟に兄鐵雄（一九一〇年生まれ）、弟矩男（一九一七年生まれ）、邦男（一九二〇年生まれ）がいる。

一九一八（大正七）年　四歳

大阪で起きた米騒動の群衆が夜中に家の外を通る光景を記憶する。白虹事件で、父が鳥居素川、長谷川如是閑、大山郁夫らと連袂退社。

一九二〇（大正九）年　六歳

兵庫県武庫郡精道村（現在の芦屋市）精道尋常小学校に入学。

一九二一（大正十）年　七歳

一家、東京市四谷区麴町一二丁目に転居。四谷第一尋常小学校に転校。

一九二二（大正十一）年　八歳

一家、四谷区愛住町四八番地に転居。

一九二三（大正十二）年　九歳

関東大震災。中野の長谷川如是閑宅へ避難する。

一九二六（昭和元）年　十二歳

東京府立第一中学校に入学。

一九二八（昭和三）年　十四歳

父が大阪毎日新聞論説委員となる。時評欄「硯滴」（『東京日日新聞』では「余録」）を一九五三年まで執筆する。

一九三一（昭和六）年　十七歳

第一高等学校文科乙類に入学。一家、高井戸町中高井戸三七東一二番地（現在の杉並区松庵）に転居。

一九三二（昭和七）年　十八歳

八月、夏休みを志賀高原発哺《ほっぽ》温泉天狗の湯で過ごす。以後、避暑とスキーに利用し、昭和十年代には毎夏滞在する学者、作家と交流する。

一九三三（昭和八）年　十九歳

唯物論研究会創立記念第二回講演会が解散命令を受ける。聴衆の一人だった丸山は、本富士署に検挙・拘留される。以後、思想犯被疑者として大学二年から東京帝国大学法学部助教授に任ぜられるまで、定期的に特高の来訪や憲兵隊への召喚などを受ける。

一九三四（昭和九）年　二十歳

東京帝国大学法学部政治学科に入学。

一九三六（昭和十一）年　二十二歳

二・二六事件の陸軍青年将校らの行動を批判する、南原繁の政治学史講義の開講の辞に衝撃を受ける。『緑会雑誌』の懸賞論文に応募し、「政治学に於ける国家の概念」が入選。

一九三七（**昭和十二**）**年**　二十三歳

東京帝国大学法学部政治学科を卒業。同学部助手となる。

一九三八（**昭和十三**）**年**　二十四歳

九月、二等兵教育召集により松本市の歩兵第五〇連隊補充隊に応召、即日帰郷。

一九三九（**昭和十四**）**年**　二十五歳

東京帝国大学法学部政治学政治学史第三講座（東洋政治思想史講座）が開設され、南原繁の懇請により、早稲田大学教授津田左右吉が非常勤講師として十二月まで六回の特別講義のかたちで担当する（テーマは「先秦政治思想史」）。津田左右吉の最終講義に原理日本社系の東大精神科学研究会の学生による質問攻め。津田とともに軟禁状態となる。

一九四〇（**昭和十五**）**年**　二十六歳

一月、早稲田大学教授津田左右吉が辞職。二月、津田左右吉の四著書発禁処分。二―五月、「近世儒教の発展における徂徠学の特質並にその国学との関連」を『国家学会雑誌』五四巻二―五号に発表。三月、出版法違反で津田左右吉と出版者岩波茂雄が起訴される。六月、東京帝国大学法学部助教授となる。七月、従七位に叙される。十月、政治学政治学史第三講座を東北帝国大学教授村岡典嗣が非常勤講師として担当する。

一九四一（昭和十六）年　二十七歳

「近世日本思想史における「自然」と「作為」——制度観の対立としての」を『国家学会雑誌』に発表。

一九四二（昭和十七）年　二十八歳

政治学政治学史第三講座（東洋政治思想史講座）担任となる（七〇年度まで）。十月、東洋政治思想史講義、「新学年暦」による一九四三年度冬学期（四二年十月十六日—翌一月）。

一九四三（昭和十八）年　二十九歳

十月、東洋政治思想史講義、「新学年暦」による一九四四年度冬学期（四三年十月—翌三月）。

一九四四（昭和十九）年　三十歳

三月、小山ゆか里と結婚。七月、「国民主義理論の形成」を『国家学会雑誌』に発表（後に「国民主義の「前期的」形成」と改題）。論文の後半部分は応召の日の朝まで執筆、辻清明に新宿駅で手渡す。二等兵教育召集により松本市の歩兵第五〇連隊補充隊に応召。歩兵第七七連隊補充隊に転属し、朝鮮平壌へ向かう。十月、召集解除。十一月、応召より帰還。

一九四五（昭和二十）年　三十一歳

三月、臨時召集により広島市宇品の船舶通信連隊で暗号教育を受け陸軍船舶司令部に転属、丸山の担当する東洋政治思想史講義は休講。南原繁は丸山の召集解除を司令部に要請するが却下される。南原繁が東京帝国大学法学部長に就任。五月にかけて南原繁は高木八尺、田中耕太郎ら同僚六教授に呼びかけて重臣グループを説得する終戦工作を行う。四月、参謀部情報班に転属。情報班は短波放送の二十四時間傍受体制をしき、敵潜水艦などの船舶情報と国際情報の収集にあたる。丸山は連合通信のウィークリーをもとに国際情報を毎週報告。入手した情報を「備忘録」と題する詳細なメモに残す。六月、一等兵に昇進。八月、六日、広島に原爆投下、司令部前の広場で点呼朝礼中に被爆。九日、写真撮影をする報道班長の酒井四郎中尉らと爆心地付近を歩く。十五日、敗戦。母セイ死去。享年六十歳。九月、十二日、召集解除。十四日、復員。十月、青年文化会議に参加。十二月、庶民大学三島教室に参加。南原繁が東京帝国大学総長に就任。

一九四六（昭和二十一）年　三十二歳

二月、思想の科学研究会に参加。東京帝国大学憲法研究委員会委員となる。書記役をつとめ、憲法改正の手続きについてまとめた第一次報告書を執筆。委員会で丸山が提示した八月革命説を、委員長の宮沢俊義は丸山の承諾をえて「八月革命と国民主権主義」として発表。二〇世紀研究所に参加。春、目黒区宮前町六四番地に転居。五月、「超国家主義の論理と心理」を『世界』五月号に発表。六月、東京帝国大学法学部教員適格審査委員会委員となる。

一九四七（昭和二十二）年　三十三歳

一月、民主主義科学者協会に参加。三月、「福沢に於ける「実学」の転回——福沢諭吉の哲学研究序説」を

『東洋文化研究』に発表。八月、学術体制刷新委員会委員に選ばれる。九月、「福沢諭吉の哲学――とくにその時事批判との関連」を『国家学会雑誌』に発表。十月、雑誌『潮流』の共同研究「日本ファシズムとその抵抗線」（後に「日本ファシズム共同研究」と改称）に参加。

一九四八（昭和二十三）年　三十四歳

二月、未来の会に参加。九月、ユネスコ共同声明「平和のために社会科学者はかく訴える」に関する研究を行うための東京・近畿両地域の文科・法政・経済各部会および東京自然科学部会が、吉野源三郎『世界』編集長の呼びかけで発足し、東京法政部会の討議に加わる。十一月、日本政治学会に参加。十二月、平和問題討議会（議長＝安倍能成）に参加。

一九四九（昭和二十四）年　三十五歳

福沢諭吉に関する研究活動により第一回石河幹明賞を受賞。三月、平和問題談話会に参加。五月、「軍国支配者の精神形態」を『潮流』五月号に発表。

一九五〇（昭和二十五）年　三十六歳

一月、「講和問題についての平和問題談話会声明」に参加。六月、東京大学法学部教授となる。七月、新聞社、通信社、日本放送協会を皮切りにレッド・パージが始まる。九月、「ある自由主義者への手紙」を『世界』九月号に発表。吉田内閣が公務員のレッド・パージの基本方針を決定する。東大学生共産党細胞がレッド・パージが予想される教官の一覧表のビラを配布。文学部の出隆、渡辺一夫、森有正、中野好夫、法学部の川島武宜、辻清明、丸山。川島武宜が、GHQ（連合国軍総司令部）内の友人からえた情報として法学部の三名がレッド・パージの対象とされていることを伝える。「三たび平和について」に参加（一、二章を執筆）。十二月、胸部の異常に気づき吉利和医師を訪ねる。胸部結核（左肺）が判明する。国立中野療養所で診察をうける。

一九五一（昭和二十六）年　三十七歳
一月、「日本におけるナショナリズム——その思想的背景」を『中央公論』一月号（特集「アジアのナショナリズム」）に発表。二月、肺結核のため国立中野療養所へ入院する。九月、退院し自宅療養。十二月、南原繁が任期満了により東京大学総長を辞任する。

一九五二（昭和二十七）年　三十八歳
三月、『政治の世界』（御茶の水書房）を刊行。五月、「「現実」主義の陥穽——或る編集者への手紙」を『世界』五月号に発表。六月、武蔵野市吉祥寺三一九番地（現在の吉祥寺東町二―四四―五）に転居。十二月、『日本政治思想史研究』（東京大学出版会）を刊行。

一九五三（昭和二十八）年　三十九歳
七月、G・H・セイバイン『西洋政治思想史I』（岩波書店）を翻訳・刊行。八月、丸山が主宰した「日本ファシズム共同研究」の『思想』への連載が始まる（五四年四月まで）。

一九五四（昭和二十九）年　四十歳

一月、結核再発し入院。二月、中村哲・丸山・辻清明編『政治学事典』（平凡社）を刊行。九、十月、左肺上葉切除・胸郭成形手術を受ける。

一九五五（昭和三十）年　四十一歳

四月、退院し自宅療養。八月、十六日、父幹治死去。享年七十五歳。秋、入院。

一九五六（昭和三十一）年　四十二歳

四月、退院し自宅療養。十一月、「「スターリン批判」の批判――政治の認識論をめぐる若干の問題」を『世界』十一月号に発表（後に「「スターリン批判」における政治の論理」と改題）。都留重人、清水幾太郎、中野好夫、古在由重、吉野源三郎とともに企画した『岩波講座現代思想』全十二巻（岩波書店）の刊行開始（五七年十二月まで）。十二月、『現代政治の思想と行動』上巻（未来社）を刊行。

一九五七（昭和三十二）年　四十三歳

三月、『現代政治の思想と行動』下巻（未来社）を刊行。十一月、「日本の思想」を『岩波講座現代思想11 現代日本の思想』（岩波書店）に発表。

一九五八（昭和三十三）年　四十四歳

六月、憲法問題研究会に参加。

一九五九（昭和三十四）年　四十五歳

一月、「開国」を『講座現代倫理11 転換期の倫理思想（日本）』（筑摩書房）に発表。五月、国際問題談話会に参加。七月、編集責任者の一人をつとめた『近代日本思想史講座』全八巻・別巻（筑摩書房）の刊行開始（丸山の責任編集の第二巻『正統と異端』は丸山の病気のため刊行されず）。

一九六〇（昭和三十五）年　四十六歳

二月、「忠誠と反逆」を『近代日本思想史講座6 自我と環境』に発表。五月、憲法問題研究会の第二回憲法記念講演会で「現代における態度決定」と題して講演。安保問題研究会・安保批判の会共催の岸内閣総辞職要求・新安保採決不承認学者文化人集会で「選択のとき」と題して講演。六月、憲法問題研究会主催の民主主義を守る講演会で「復初の説」と題して講演。十月、国際基督教大学アジア文化研究委員会の連続講座「日本における思想史方法論研究講座」第一回で「思想史の考え方について――類型・範囲・対象」と題して講演。

一九六一（昭和三十六）年　四十七歳

「右翼テロを増長させるもの」を『毎日新聞』に発表。九月、東京大学から米国、カナダ、イギリス、スウェーデン、スペイン、フランスへの出張を命じられる。十月、ハーバード大学から特別客員教授として招聘され、夫婦で渡米する（六二年六月まで）。十一月、「近代日本における思想史的方法の形成」を福田歓一とともに編集した『政治思想における西欧と日本（下）南原繁先生古稀記念』（東京大学出版会）に発表。『日本の思想』（岩波書店）を刊行。

一九六二（昭和三十七）年　四十八歳

十月、イギリスに移り St. Antony's College の Senior Associate としてオックスフォードに滞在（六三年三月まで）。

一九六三（昭和三十八）年　四十九歳

四月、帰国。十月、「ある日の津田博士と私」を『図書』十月号に発表。

一九六四（昭和三十九）年　五十歳

五月、『増補版 現代政治の思想と行動』（未来社）を刊行。十月、長野県松代町で開かれた佐久間象山没後百年を記念する信濃教育会臨時総集会で「日本思想史における佐久間象山」と題して講演（後に「幕末における視座の変革――佐久間象山の場合」と改題して発表）。

一九六五（昭和四十）年　五十一歳

三月、ラッセル平和財団日本協力委員会委員となる。四月、「ベトナム問題に関し日本政府に提案する」に参加。九月、教科書検定訴訟を支援する歴史学者の会に参加。

一九六六（昭和四十一）年　五十二歳

一月、『現代日本の革新思想』（梅本克己、佐藤昇との共著）（河出書房新社）を刊行。八月、「ベトナムに平和を！　日米市民会議」に参加、発言する。

一九六七（昭和四十二）年　五十三歳

二月、東京大学法学部次期学部長選挙で当選するが、健康上の理由により辞退。三月に改めて選挙、辻清明が当選して四月から学部長となる（六八年十一月まで）。九月、第十一回大学共同セミナー「主題　日本の思想――『日本の思想』をテキストとして」を指導教授として主催する。「ベトナムのための一日運動」を呼びかける。

一九六八（昭和四十三）年　五十四歳

八月、「チェコ占領に強く抗議する」「チェコ事件について世界の知識人に訴える」に参加。十二月、東京大学全学共闘会議学生が法学部研究室を封鎖。明治新聞雑誌文庫所蔵の文書類を守るため文庫に泊る。健康悪化の背景となる。

一九六九（昭和四十四）年　五十五歳

二月、前年十月以来ストライキで開かれていなかった法学部の授業再開。丸山は担当する日本政治思想史の講義を行うが、三回で中断する。三月、心不全と肝炎のため入院。四月、退院し自宅療養。六月、肝炎のため国立がんセンターへ入院する（八月まで）。

一九七〇（昭和四十五）年　五十六歳

二月、肝炎のため入院。五月、退院し自宅療養。

一九七一（昭和四十六）年　五十七歳

三月、東京大学法学部教授を定年を待たずに辞職する。四月、法学部在職中に指導してきた大学院学生の指導のため、大学院法学政治学研究科非常勤講師となる（七四年三月まで）。アメリカ科学芸術アカデミー外国名誉会員に選ばれる。翌年にかけて肝炎のため自宅療養。

一九七二（昭和四十七）年　五十八歳

十一月、「歴史意識の「古層」」を自らが編集した『日本の思想6　歴史思想集』（筑摩書房）の解説として発表。福田歓一とともに編集した『南原繁著作集』全十巻（岩波書店）の刊行開始（七三年八月まで）。

一九七三（昭和四十八）年　五十九歳

二月、吉川幸次郎とともに監修した『荻生徂徠全集』全二十巻（みすず書房）の刊行開始。五月、『南原繁著作集』第四巻「解説」を発表。六月、アメリカ、ヨーロッパ旅行に出発。プリンストン大学より名誉文学博士号、ハーバード大学より名誉法学博士号を授与される。八月、帰国。十一月、財団法人第五福竜丸保存平和協会（現在の第五福竜丸平和協会）設立に参加、賛助会員となる。

著者略歴

(まるやま・まさお　1914-1996)

1914年大阪に生まれる．1937年東京大学法学部卒業．1940年助教授，1950年教授．1961-62年ハーバード大学特別客員教授．1962-63年オックスフォード・セント・アントニーズ・カレッジ客員教授．1971年退官．1975-76年プリンストン高等学術研究所員．1996年8月15日没．主要著作『政治の世界』(1952)『日本政治思想史研究』(1952) 共編『政治学事典』(1954)『日本の思想』(1961)『増補版　現代政治の思想と行動』(1964)『戦中と戦後の間』(1976)『「文明論之概略」を読む』(1986)『忠誠と反逆』(1992)『丸山眞男集』全16巻・別巻1 (1995-97)『丸山眞男講義録』全7冊 (1998-2000)『自己内対話』(1998)．

丸山眞男書簡集 1

1940–1973

2003 年 11 月 20 日　第 1 刷発行
2004 年 1 月 9 日　第 2 刷発行

発行所 株式会社 みすず書房
〒113-0033 東京都文京区本郷 5 丁目 32-21
電話 03-3814-0131(営業) 03-3815-9181(編集)
http://www.msz.co.jp

本文印刷所 理想社
扉・表紙・カバー印刷所 栗田印刷
製本所 鈴木製本所

Printed in Japan
ISBN 4-622-08101-6

藤田省三著作集

全10巻

1	天皇制国家の支配原理	4200
2	転向の思想史的研究	4200
3	現代史断章	2940
4	維新の精神	3150
5	精神史的考察	3675
6	全体主義の時代経験	3150
7	戦後精神の経験 I	5250
8	戦後精神の経験 II	8400
9	「写真と社会」小史	2625
10	異端論断章	2625

（消費税 5%込）

みすず書房